Leopold Bahlsen

Der französische Sprachunterricht im neuen Kurs

Leopold Bahlsen

Der französische Sprachunterricht im neuen Kurs

ISBN/EAN: 9783742894649

Hergestellt in Europa, USA, Kanada, Australien, Japan

Cover: Foto ©Andreas Hilbeck / pixelio.de

Manufactured and distributed by brebook publishing software (www.brebook.com)

Leopold Bahlsen

Der französische Sprachunterricht im neuen Kurs

Der französische Sprachunterricht

im

neuen Kurs.

Von

Dr. L. Bahlsen.

BERLIN 1892.
R. Gaertners Verlagsbuchhandlung
Hermann Heyfelder.
S.W. Schönebergerstrafse 26.

Vorbemerkung.

Die vorliegende Schrift erschien zunächst als Programm der VI. Höheren Bürgerschule zu Berlin (Ostern 1892) unter dem Titel „Der französische Unterricht nach den Grundsätzen der Reformer", allerdings nicht ganz in ihrem jetzigen Umfang, da ich bei dem knappen dort verfügbaren Raume in der letzten Hälfte zur Streichung eines Teiles meiner Arbeit mich genötigt sah. —

Unter dem hier gewählten Titel wird der Fachkollege — und an diesen wendet sich die gegenwärtige Publikation natürlich in erster Linie — kaum etwas anderes vermuten können, als eine Darstellung der analytisch-induktiven Methode, die unter den vielen bereits erschienenen Reformschriften wenigstens die eine Besonderheit für sich beanspruchen darf, die erste zu sein, die nach Herausgabe der neuen Lehrpläne und Lehraufgaben und unter eingehender Berücksichtigung derselben veröffentlicht wird. Es könnte mir der Vorwurf gemacht werden, daſs ich dabei zu einseitig den Unterrichtsbetrieb an Realanstalten betrachtet habe und dies obendrein an der Hand eines Lehrbuches, das zwar verdientermaſsen weite Verbreitung gefunden hat, aber doch noch nicht (etwa wie seiner Zeit Plötz) als das französische Lehrbuch $\varkappa\alpha\tau'\ \dot{\varepsilon}\xi o \chi \acute{\eta} \nu$ zu bezeichnen ist. Das Ulrichsche Unterrichtswerk ist nach seiner Anlage im wesentlichen typisch für das seit Beginn der Reformbewegung auf diesem Gebiete Geleistete, und es dürfte wohl, wo man den neuen Verfügungen gemäſs den französischen Unterricht mit dem Lesestück beginnt, das zu diesem Zwecke ausgewählte Elementarbuch in seiner Disposition von der hier zu Grunde liegenden kaum erheblich abweichen. Zudem ist das Ulbrichsche Buch in der einzigen Fassung, in der es erschienen, für alle Arten von höheren Lehranstalten bestimmt und auch thatsächlich in Benutzung; und ich habe nur deshalb seine Verwendung gerade im Unterrichtsbetrieb der Realschule (Höheren Bürgerschule) als Beispiel gewählt, weil ich so überall auf die Praxis deutlich hinweisen und an eigene Beobachtungen und Erfahrungen anknüpfen konnte. Vor einer Gefahr glaube ich damit wenigstens bewahrt geblieben zu sein: vor dem Theoretisieren, wie es beim jetzigen Stande der Reformfrage wenig mehr am Platze ist und uns in unsrem Bestreben, die analytisch-induktive Methode auszugestalten und zu verbreiten, meines Erachtens mehr aufhält als fördern kann.

Berlin, April 1892.

Der Verfasser.

„Bei der erheblichen Kürzung des grammatischen Lernstoffs und bei fortschreitender Durchbildung der sogenannten neueren Methode ist das im wesentlichen auf den praktischen, schriftlichen und mündlichen Gebrauch der Sprache bemessene Lehrziel zu erreichen."
Lehrpläne und Lehraufgaben für die höheren Schulen S. 74.

„Änderung des Lehrziels und des Lehrverfahrens in den neueren Sprachen. Das Ziel des Unterrichts in den neueren Sprachen hat in allen höheren Schulen eine Änderung dahin erfahren, dafs der praktische, mündliche und schriftliche Gebrauch der Fremdsprache und das Verständnis der Schriftsteller überall in den Vordergrund gestellt, die Grammatik nur Mittel zum Zweck ist."
Denkschrift des Kultusministeriums (1. Beilage zum Reichs-Anzeiger vom 14. Januar 1892).

Die Anhänger und Verfechter der analytisch-induktiven Methode im fremdsprachlichen Unterricht, denen ich mich seit sechs Jahren aus vollster Überzeugung beizähle, haben heute mehr denn je das Recht, ja die Pflicht, vor der Öffentlichkeit sich zum Worte zu melden. Es braucht dies nicht mehr zu geschehen zur Bekämpfung alter Schäden, wie einst durch Viëtors gewaltigen Mahnruf; denn vieles ist seitdem gebessert worden, und selbst da, wo man die Grundsätze der Reformer abgewiesen, ja verlacht und verhöhnt hat, fand man es für gut, im Stillen Änderungen und Modifikationen eintreten zu lassen, die, bei Lichte betrachtet, nichts anderes als Zugeständnisse ihren Lehren und Forderungen gegenüber waren. Auch zur Verteidigung oder Begründung der analytisch-induktiven Methode bedarf's keiner langatmigen Auseinandersetzungen mehr. Sie hat Erfolge aufzuweisen, welche selbst ihre Gegner teilweise haben anerkennen müssen.

Auf dem vierten allgemeinen Neuphilologentage konnte Herr Oberschulrat Dr. von Sallwürk rühmend der Leistungen der Reformer gedenken und darauf hinweisen, wie in Baden seit mehr als zwanzig Jahren der analytische Betrieb des französischen Unterrichts überall eingeführt sei. Die österreichische Regierung hat in ihren neuesten Unterrichtsverordnungen dem Verlangen nach zeitgemäfser Neugestaltung des fremdsprachlichen Lehrbetriebes Rechnung getragen und es unterm 20. Oktober 1890 offiziell bestätigt, „dafs mit den Versuchen im Sinne der Reformbewegung beachtenswerte Erfolge erzielt wurden" Auch das preufsische Unterrichtsministerium hat es an ermutigenden Winken nicht fehlen lassen und in den jüngst veröffentlichten, „Erläuterungen und Ausführungsbestimmungen" (Berlin, Wilhelm Hertz) unter ausdrücklichem Hinweis auf die sogenannte „neuere" Methode, die an manchen Anstalten bisher schon erzielten Erfolge anerkannt.

Aber je mehr die gute Sache an Verbreitung gewinnt, um so dringender wird auch der Wunsch nach weiterer Ausarbeitung und Ergänzung der als nutzbringend erkannten Methode, nach Veröffentichung und Verwertung ausgebreiteter Erfahrungen aus der Praxis und nach möglichster Einigung über gewisse Einzelheiten. Gerade jetzt ist die Frage zu einer brennenden geworden, wo wir an einem bedeutsamen Markstein in der Entwicklung unseres ganzen höheren Unterrichtswesens angelangt sind. Nach den Verhandlungen der Schulkonferenz im Dezember 1890, den Beratungen der Siebener-Kommission und den Mitteilungen bezw. Anweisungen unseres Ministeriums an die höheren Lehranstalten Preufsens kann es keinem Zweifel unterliegen, dafs die analytisch-induktive Methode im neusprachlichen Unterricht von nun an die herrschende sein soll (vgl. bes. „Lehrpläne und Lehraufgaben etc." p. 74), und dafs Französisch und Englisch als „lebende" Sprachen künftig mit besonderer Berücksichtigung der Sprechfertigkeit[1]) zu traktieren seien.

Gleich bei Eröffnung der Schulkonferenz, am 4. Dezember 1890, hob S. Majestät der Kaiser hervor, dafs bisher weniger Nachdruck auf das Können wie auf das Kennen gelegt worden, und tadelte den Grundsatz, dafs der Schüler vor allen Dingen so viel wie möglich wissen müsse

---

[1]) In den ministeriellen Instruktionen für den Unterricht an den Realschulen in Österreich wird die praktische Sprechfertigkeit als Hauptziel gerade der Reformbewegung bezeichnet, und ganz im Sinne jener wird empfohlen, schriftliche Übungen, welche die Ausdrucksgewandtheit zu fördern geeignet sind, mehr als bisher zur allgemeinen Anwendung zu bringen.

gleichviel ob solches für das Leben passe oder nicht. „Nach dem Gesichtspunkte, dafs die Hauptsache in der Schule Gymnastik des Geistes sei, kann nicht mehr verfahren werden."

Wenn so die Ausbildung der Jugend mehr nach praktischen Gesichtspunkten und nach den Bedürfnissen des künftigen Berufslebens organisiert werden soll, so bedeutet das für die neueren Sprachen, wie Herr Direktor Dr. Schulze in seiner Rede vom 10. Dezember hervorhob, unzweifelhaft das Sprechenlernen, ein Ziel, gegen welches sich zunächst noch manche Schulmänner ausgesprochen, und welches einige für ein unmögliches erklärt hätten, dessen Erreichbarkeit jedoch durch praktische Versuche thatsächlich nachgewiesen sei. Und denen gegenüber, welche bei solchem Lehrziel der neueren Sprachen den formell bildenden Wert verloren gehen sehen, führte derselbe Redner aus: „Wenn das Französische in der Weise gelehrt wird, wie früher das Lateinische thatsächlich gelehrt worden ist, mit dem Zweck nämlich, es zu sprechen, dann übt es, namentlich wenn es frühzeitig begonnen wird, eine sehr bedeutende und ganz eigenartige Einwirkung auf die Entwicklung der kindlichen Geisteskraft. Es giebt dem Geiste des Knaben die Gewandtheit, die der lateinische und griechische Unterricht niemals erteilen kann. Es giebt ihm, entgegen der rein auf die Ausbildung des logischen Vermögens gerichteten Kraft des altsprachlichen Unterrichtes, eine produktive Fähigkeit, eine sozusagen künstlerische Leichtigkeit des Schaffens und Produzierens, die durchaus als Gegengewicht nötig ist." — Auch Professor Tobler bezeichnete es als eine allzu grofse Resignation, als eine Bescheidenheit, die weit über das Mafs des Richtigen hinausgeht, wenn man glaube, darauf verzichten zu müssen, den Schülern das Französischsprechen thatsächlich beizubringen. Es ist ein Bildungsmittel von so ungeheurer Bedeutung, eine fremde Sprache zu sprechen und zu schreiben, dafs von dieser Forderung („für das Gymnasium" fügt Tobler hinzu) nicht abgegangen werden darf. Auch für die Realschule (Höhere Bürgerschule) ist dies praktische Lehrziel im Französischen von der Schulkonferenz gefordert worden, und zwar mit um so gröfserem Nachdruck, als ja gerade das Schülerkontingent derartiger Anstalten mehr dem praktischen Berufsleben sich zuwendet, und dem Techniker wie dem Kaufmann Geläufigkeit im französischen Ausdruck von Wert und Bedeutung ist. Aus solchen Erwägungen und Verhandlungen der Schul-Enquête-Kommission ging der Beschlufs hervor: „Dem Schulunterricht in lebenden fremden Sprachen ist die Aufgabe zu stellen, dafs er zum freien mündlichen und schriftlichen Gebrauche derselben anleite; dem Universitätsunterricht in den nämlichen Fächern die Aufgabe, das Können in dieser Hinsicht nach Vermögen zu steigern." Wie aber sollte man diese gegen früher entschieden erhöhte Forderung bezüglich des Französischsprechens in Einklang bringen mit der zweiten und sechsten der von Sr. Majestät gestellten Fragen, worin von der Ermäfsigung der Lehrziele und der Vorbeugung der Überbürdung die Rede ist? Auch hier gaben einige vom Kaiser berührten Punkte, betreffend eine neue Lehrmethode und die Beseitigung des bisher in den Prüfungen zu Tage getretenen Ballastes, den Verhandlungen ihre Richtung. Wenn in den neueren Sprachen für praktische Sprachbeherrschung gegen früher ein Plus gefordert wurde, so konnte in diesen Disziplinen unter dem zu entfernenden Ballast kaum etwas anderes verstanden werden, als jenes Übermafs von grammatischen Regeln, worin einsichtsvolle Neuphilologen schon längst viel mehr ein Hindernis für die freie Ausdrucksfähigkeit im fremden Idiom, als eine Förderung derselben erblickt haben. Und rücksichtlich der neuen Methode haben die Herren Geheimräte Stauder und Klix richtig interpretiert, wenn sie darunter die analytisch-induktive, die Methode der Reformer verstehen zu müssen glaubten. „Ich stehe gar nicht an," betonte der erstere, „meine volle Sympathie auszusprechen für die sogenannte neuere Methode des Betriebes der modernen fremden Sprachen," und an anderer Stelle: „Ich hoffe, dafs bei veränderter Methode (also bei jener „neueren", d. i. analytisch-induktiven) auf diesen Gebieten mehr erreicht werden wird, als bisher erreicht worden ist." Herr Geheimrat Klix vertrat in seinem Bericht vom 15. Dezember 1890 klar und bündig die Ansicht, dafs mit dem von S. Majestät gebrauchten Ausdruck „neue Lehrmethode" jene gemeint sei, welche in den Sprachen auch das Ohr in den Dienst des Unterrichts stellen will, welche von der Lektüre ausgeht, so dafs die Grammatik an ihr gezeigt und geübt wird, dafs grammatische Belehrungen als Resultat aus der Lektüre hervorgehen[1]).

Auf jene in der Dezemberkonferenz unwidersprochen gebliebenen Darlegungen mufste ich zurückgreifen, um zu zeigen, aus welchem Geist, aus welchen Erwägungen heraus jene Beschlüsse zu stande gekommen, die fürderhin als Richtschnur für unsre Unterrichtsweise dienen sollen,

---

[1]) Herr Geheimrat Klix fügte hinzu: „Es sind das Dinge, die oft genug besprochen sind, und, wie ich aus mehrfacher Beobachtung weifs, vielfach schon mit sehr grofsem Geschick an verschiedenen Schulen ausgeübt werden."

und die nebst Erläuterungen und Ausführungsbestimmungen in den neuen „Lehrplänen und Lehraufgaben für die höheren Schulen" inzwischen veröffentlicht worden sind. Klar und unzweideutig ist darin für den neusprachlichen Unterricht am Gymnasium die Anwendung der sogenannten „neueren" Methode verfügt, sofern man darunter das Ausgehen von der Lektüre, das frühzeitige Hinarbeiten auf Sprechfertigkeit und das Zurückdrängen des grammatischen Regelwustes versteht.

Da am Realgymnasium der Unterricht im Lateinischen der berechtigten Forderung sprachlich-logischer Schulung genügt, so kann auch hier über den Lehrbetrieb des Französischen nach den Verhandlungen und Beschlüssen der Enquête-Kommission keine Unklarheit mehr herrschen.

Die Realschule freilich soll nun auch eine gewisse sprachlich-logische Schulung ihren Zöglingen zu teil werden lassen, und diese soll, bei Wegfall des Latein, durch eine systematische Behandlung der französischen Grammatik erzielt werden. Mit dieser uns so gestellten Aufgabe jedoch ist der analytisch-induktive Gang des Unterrichts keineswegs verpönt, ist doch auch durch ihn jene wertvolle Forderung scharfer geistiger Schulung durchaus erfüllbar. Ja noch mehr: er wird geradezu vorausgesetzt und uneingeschränkt auch für die Realschulen als selbstverständlich angenommen. Es sprechen folgende Gründe deutlich genug dafür. Im Verlauf der Konferenzverhandlungen wurde dem altgewohnten Betriebe des neusprachlichen Unterrichts schlechterdings von keiner Seite und für keinerlei Anstalten das Wort geredet, sondern, wie oben ausführlicher dargethan, für das Studium lebender und bis zum Endziel praktischer Beherrschung zu traktierender Sprachen die „neuere" Methode unbedingt gefordert. Keine entspricht so wie sie gerade dem Wesen und Charakter der Real- (bezw. Höheren Bürger-) schule, wo „die Unmittelbarkeit der Betrachtung der Sprache, die Übung in dem Gebrauch derselben das Gegengewicht bildet gegen das in sich gekehrte Denken in mathematischen Formen."[1]) Und wenn nun nach den für uns bestimmenden neuesten Verordnungen das Theoretische gründlicher zu befestigen ist, so heifst das doch noch lange nicht: Vom System ausgehen! Das Praktische reichlicher zu betreiben (wie weiterhin verlangt wird) ist von jeher eine Hauptforderung gerade der Reformer gewesen, und sie begrüfsen es mit Freude, dafs an den Realanstalten Lektüre, Sprechübungen und Stilistik

---

[1]) Stadtschulrat Dr. Bertram in der 6. Sitzung der Schulkonferenz am 11. Dezember 1890.

eingehendere Berücksichtigung zu finden haben (L. u. L. p. 32). Die ministerielle Denkschrift vom 14. Januar, welche die Verteilung der Lehrpläne begleitete, nimmt unter Abschnitt 7, wo Änderung des Lehrziels und Lehrverfahrens zu Gunsten des praktischen Gebrauches der Fremdsprache für alle höheren Schulen gefordert ist, die Höheren Bürgerschulen ebensowenig aus wie da, wo es heifst, Grammatik sei nur als Mittel zum Zweck zu betrachten. Ich will es den Gegnern der Reform gern zugeben, dafs auch sie praktische Ergebnisse nicht ganz aus dem Auge gelassen, auf mündliche wie schriftliche Ausdrucksgewandheit redlich hingearbeitet haben, aber wie konnte dann von jener Seite her Sprechfertigkeit als unerreichbares Ziel bezeichnet werden? Weshalb mufste die Unzulänglichkeit des seither nach dieser Richtung hin Geleisteten konstatiert werden? Da es an Kraft, Einsicht und bestem Willen nicht gefehlt hat, nun, so wird's wohl die Methode verschuldet haben; und dafs durch alle Verhandlungen der Dezemberkonferenz, durch ihre Beschlüsse und die späteren Verordnungen das einmütige Verlangen nach Verbesserung der Lehrmethode hindurchklingt, ist doch nun einmal nicht abzuleugnen! Dies Verlangen wird besonders dringlich da ausgesprochen, wo die Überbürdungsfrage berührt und die Verminderung der Hausarbeit betont ist. Wer aber die neusprachliche Reformbestrebung ihrem ganzen Verlaufe nach von Anbeginn aufmerksam verfolgte, weifs, dafs sie gerade aus der Überbürdungsfrage hervorgegangen ist, und dafs es einem Perthes und Victor in erster Linie darum zu thun war, zu zeigen, wie die Hauptarbeit fruchtbringend in den Unterricht selbst zu verlegen sei. — Eine weitere uns gestellte Aufgabe lautet: „An den lateinlosen Anstalten mufs das System der Grammatik als solches zur Erkenntnis gebracht werden", aber es wird uns mit derselben Klarheit auch der Weg gezeigt, wie diese Aufgabe zu lösen: Wo das Pensum des französischen Anfangskursus auf Realanstalten („Das Notwendigste aus der Formenlehre des Substantivs, des Adjektivs, der Zahlwörter") fixiert ist, da ist auch bezeichnend genug hinzugesetzt: „im Anschlufs an Gelesenes," und erst für das zweite Jahr französischen Unterrichts, also nachdem aus einem gewissen Lektürequantum sprachliche Erscheinungen in gehöriger Menge vorgeführt worden und gruppierbar sind, erst dann wird systematische Durchnahme der Grammatik gefordert. Und weiter: Unregelmäfsige Verbformen sind (einzeln, so wie der Schüler ihnen bei der Lektüre eben begegnet) zunächst im Anschlufs an den Lesestoff einzuprägen, und erst nach solcher empirischen

Aneignung von Einzelerscheinungen soll in der nächsten Klasse das System der unregelmäfsigen Verben, die logische Gruppierung sich anschliefsen. Deutlicher konnte der Hinweis auf die analytisch-induktive Lehrweise schwerlich ausgedrückt werden.

Nicht ohne einen gewissen Grad von Berechtigung ist in neuerer Zeit vielfach der Einwand erhoben worden, dafs die Reformer es unter sich ja nicht einmal zu völliger Einigung gebracht hätten. Nun, — es ist das Eigentümliche jeder Neuerung, dafs die Bestrebungen ihrer Verfechter zunächst etwas ins Extreme sich verlieren. Aber man hat doch im Kampf der Meinungen inzwischen die rechte Mitte zu finden sich bemüht, manche Einseitigkeit aufgegeben, manche schwer erfüllbare Forderung erheblich modifiziert. In der Hauptsache herrscht unter den Anhängern der analytisch-induktiven Methode völlige Übereinstimmung, und wenn die Behandlung des Stoffes noch nicht überall genau die nämliche, so darf man nicht vergessen, dafs ein der „neuen" Methode dienendes Lehrbuch des Französischen, welches allen Wünschen der Reformer aufs genaueste entspricht, überhaupt noch nicht existiert. Auf einige hierher gehörige Unterrichtswerke haben wir alle Ursache stolz zu sein. Eines der verbreitetsten derselben, das Ulbrichsche[1], ist (mit Ausnahme einer Anstalt) an sämtlichen Berliner Höheren Bürgerschulen im Gebrauch, am längsten an der II. städtischen Höheren Bürgerschule, wo ich vier Jahre lang unter Ulbrichs Rektorate und von ihm durch Rat und Anleitung vielfach unterstützt, hiernach zu unterrichten Gelegenheit hatte.

Auf dieses Lehrbuch möchte ich also exemplifizieren, wenn ich es in Folgendem unternehme, einige der gemachten Erfahrungen zu-

---

[1] Professor Dr. Oskar Ulbrich (zur Zeit Direktor der Friedrich-Werderschen Oberrealschule zu Berlin): Elementarbuch der französischen Sprache für höhere Lehranstalten. 7. Auflage. — Schulgrammatik der französischen Sprache für höhere Lehranstalten. 3. Auflage. — Übungsbuch zum Übersetzen aus dem Deutschen in das Französische. 3. Auflage. Alle drei erschienen in R. Gaertners Verlag (H. Heyfelder) Berlin. Eine Vorstufe zum Elementarbuch wird noch in diesem Jahre erscheinen; sie soll solchen Lehranstalten, die bereits in der untersten Klasse mit dem Französischen beginnen, den für so jugendliche Zöglinge entsprechend erleichterten Unterrichtsstoff liefern. Die Bearbeitung kann natürlich nur den Grundsätzen entsprechen, die für desselben Verfassers Elementarbuch mafsgebend gewesen. — Wie der Verleger bekannt giebt, sind die Ulbrichschen Bücher in den verschiedensten Teilen Deutschlands und an allen Arten von Unterrichtsanstalten im Gebrauch und haben auch in Österreich, der Schweiz und Rufsland Eingang gefunden.

sammenzustellen und darzuthun, wie ich mir im einzelnen den Gang des französischen Unterrichts denke, nachdem uns, wie in den einleitenden Ausführungen klargestellt worden, nunmehr die Anwendung der analytisch-induktiven Methode zur Pflicht gemacht ist. Ich werde bei meinen Ausführungen — aus naheliegenden Gründen — die Verhältnisse an den Berliner höheren Bürgerschulen besonders berücksichtigen. Diese Anstalten, deren Zahl jetzt auf neun gestiegen, sollten nach den Intentionen ihres Schöpfers, des Herrn Stadtschulrat Bertram, für die gerade in der Reichshauptstadt zu hoher Blüte gediehenen Gemeindeschulen den natürlichen Oberbau bilden, und es sollte den die oberste Klasse der Elementarschulen verlassenden befähigteren Schülern, also talentvollen Knaben des eigentlichen Bürgerstandes hier eine Bildungsstätte sich öffnen, wo denen, die künftig dem Handwerk oder Gewerbe, dem Handel, der Technik oder dem Subalterndienst sich zuwenden, gründliche und zweckmäfsige Vorbildung geboten werde. Daraus ergab sich die Notwendigkeit, den französischen Unterricht, abweichend vom Lehrplan der höheren Bürgerschulen in der Provinz, erst in der 4. Klasse beginnen zu lassen und ihm von vornherein eine den späteren praktischen Bedürfnissen entsprechende Richtung zu geben. Gewifs kann und soll auch an jenem Schülermaterial das Französische die bedeutsame Aufgabe sprachlich-logischer Schulung erfüllen, die hier doppelt wichtig und wertvoll ist, wo wir der Beihilfe des Latein entraten müssen. Aber jene von der Gemeindeschule uns übergebenen Schüler, die gerade dem Unterricht in einer modernen Fremdsprache mit naiver Freudigkeit entgegenkommen, wollen auf einem — sagen wir kurz: natürlichen Wege ganz allmählich hingeleitet werden zu jenem oben berührten ernsten Ziele. Ihr dem neusprachlichen Unterricht an der neuen Schule entgegengebrachtes freudiges Interesse gilt es fortdauernd rege zu erhalten und zu fördern; ein sofortiges Einsetzen mit dem System der Grammatik würde es dahin bringen, dafs sie sich gar bald enttäuscht abwenden. So ist denn von vornherein an den höheren Bürgerschulen die Anwendung der analytisch-induktiven Methode begünstigt worden, und es hat, obwohl die Provinzialanstalten dieser Art um zwei Jahre früher als die hiesigen mit dem Betrieb des Französischen anfingen, auch hier an erfreulichen Erfolgen nicht gefehlt. Durch Ministerialerlafs vom 16. November 1891 ist nun den höheren Bürgerschulen der Reichshauptstadt diese Abweichung von dem für die Realschule von Ostern 1892 ab gültigen Plane (vgl. Regierungsvorlage D[1]) auch weiterhin gestattet worden, woraus uns freilich die Verpflichtung erwächst, in $8+8+6+6=28$ wöchentlichen französischen Unterrichtsstunden dasselbe Lehrziel zu erreichen wie die Realschulen der Provinz mit 31. Wir Berliner Reformer sind hierbei nicht blofs wegen der geringeren uns zu Gebote stehenden Zeit in einigem Nachteil gegenüber den Kollegen anderswo: Weit mehr als die synthetische Methode wendet sich die analytisch-induktive im Anfang an die leichte Aufnahmefähigkeit des jugendlichen Geistes, an den Nachahmungstrieb und die Nachahmungsgeschicklichkeit der Schüler. Der Reformer, welcher vor unseren durchschnittlich 13.2 Jahre alten Quartanern seinen französischen Unterricht auf lautlicher Grundlage aufzubauen unternimmt, hat gegen eine viel gröfsere Ungefügigkeit des Sprachorganismus zu kämpfen als es Sextanern gegenüber der Fall sein würde, die mit leichterer Zunge und — das scheint mir besonders wichtig — viel ungenierter die fremdartigen Laute getreu nachzuahmen sich bemühen. Es kommt mir nicht im entferntesten in den Sinn, hierin einen wesentlichen Grund gegen den Beginn des Französischen in der 4. Klasse zu erblicken, wo doch gewichtige soziale Erwägungen, Rücksichten auf lokale Verhältnisse dafür mafsgebend waren[1]); ich will damit nur beweisen, wie nötig es ist, gerade beim späteren Beginn des Französischen nachdrücklichst auf solche lautliche Grundlage zu halten und gegen etwaige Schwerfälligkeit in der Artikulation von vornherein unermüdlich anzukämpfen.

Gleich in der ersten Stunde mufs der Schüler merken, dafs das Französische nicht aus einer neumodischen, kuriosen Zusammensetzung der ihm bisher geläufigen Laute (oder gar Buchstaben) besteht, sondern aus Gruppierungen von Lauten, die unserer Muttersprache vielfach fremd und gänzlich fernstehend sind, und die nun vom Ohre zunächst in ihrer Eigenart deutlich erfafst und mittels des praktisch zu schulenden Sprachorganismus richtig wiederzugeben sind. Der Schüler, welcher das französische Idiom zu lernen sich anschickt, hat ein gutes Recht darauf, es auch mit der Aussprache zu erlernen, die

---

[1]) Auch steht dem Bedenken gröfserer Ungefügigkeit des Sprachorganismus der wichtige Faktor gegenüber, dafs, wenn erst der Quartaner mit dem Französischen beginnt, eine umfangreichere grammatische Vorbildung, eine gröfsere Fülle von Sprach- und Denkformen bei ihm vorausgesetzt und um so unbedenklicher von einem synthetischen Unterrichtsbetrieb der Fremdsprache abgesehen werden kann. — Gern konstatiere ich übrigens, dafs in der an der II. Höheren Bürgerschule von mir durchgeführten Generation diejenigen beiden Schüler, die auf allen Klassenstufen weitaus als die besten im Französischen sich erwiesen, aus der obersten Klasse einer Gemeindeschule in unsere Quarta eingetreten waren.

in den gebildeten Kreisen der fremden Nation als die gute gilt. Und eine der Artikulation und Accentuierung des Nationalfranzosen annähernd gleichkommende Aussprache zu erzielen, liegt meines Erachtens durchaus im Bereich der Möglichkeit. Das hierzu aufgewendete Opfer an Zeit ist nicht so bedeutend als man gemeinhin annimmt; nur muſs gleich mit der ersten Stunde (unter grundsätzlicher Ausschlieſsung theoretischer Regeln) zielbewuſst mit der lautlichen Schulung begonnen werden. So gewiſs wie eine von Haus aus verpfuschte Aussprache nur unendlich schwer, in einigen Fällen wohl nie zu einer ganz befriedigenden umzugestalten ist, so sicher macht ein ausschlieſslich zur Erwerbung richtiger Artikulation verwendeter propädeutischer Eingangskursus die späterhin sonst immer wiederkehrenden Verbesserungen elementarer Aussprachefehler zum gröſsten Teile überflüssig. Wie aber ist nun zu durchaus korrekter Aussprache, die doch in der „Ordnung der Reifeprüfungen" (S. 37) neben Geläufigkeit im Lesen ausdrücklich gefordert wird, der Grund zu legen?

Die Reformer geben verschiedene Mittel an. Die Einen wollen mit einer lautphysiologischen Einleitung, elementarer Art oder unter Demonstration an einem aufgezeichneten Querschnitt der Mundhöhle und des Kehlkopfs beginnen, die Andern halten (was durch die neuesten Verfügungen ebenso verpönt wie der letztere Vorschlag) eine genauere Einführung in die Phonetik mit ihrer Terminologie für unerläſslich, wohingegen wieder andere sofort ans Lesestück selbst herangehen, um dieses mit einer bis ins Kleinste sauberen Aussprache (mit oder ohne Zugrundelegung phonetischer Umschrift) einzuprägen. Nachdem sich mir im englischen Unterrichte bei allerdings bescheidener Anwendung der Transskription durchaus keine nachteiligen Folgen dieses Hilfsmittels geoffenbart haben, bin ich von meiner anfänglichen Abneigung hiergegen zwar zurückgekommen, doch da auch unter Verzicht darauf das erstrebte Ziel erreichbar ist und Kenntnis der Lautschrift immerhin eine Mehrbelastung bedeutet, so braucht in ihre Geheimnisse der Schüler nicht eingeweiht zu werden[1]).

Wohl aber scheinen mir für den Anfangsunterricht transskribierte Texte in der Hand des Lehrers wünschenswert, ja in mancher Hinsicht notwendig. Diese lautschriftlichen Darstellungen, deren sich der Lehrer bei Einübung des Memorier-

---

[1]) Vgl. übrigens die neuesten Verfügungen (L. u. L. 38), welche theoretische Lautgesetze ebenso wie die Lautschrift ferngehalten sehen wollen.

stoffes bedient, sind am besten nach dem von Passy vorgeschlagenen System unter Ausschlufs aller dialektischen oder vulgären Aussspracheweisen zu bearbeiten.

Ich habe an mir selbst die Beobachtung gemacht, dafs ich beim Vorsprechen unwillkürlich prägnanter und vorsichtiger artikulierte und das Wesentliche der Aussprache (vielleicht sogar mit kleiner Übertreibung) deutlicher heraustreten liefs, wenn das einzuübende Lesestück lautschriftlich vor mir lag, als wenn ich den gewöhnlichen Text benutzte oder ganz und gar aus dem Gedächtnis rezitierte. Die Schüler durften natürlich in keinem Falle dabei ihre Bücher aufschlagen. — Aber mein eben gemachter Vorschlag dürfte sich auch noch in anderer Hinsicht als nutzbringend erweisen. Transskribierte Texte zum Gebrauch der Lehrer legen die in Einzelheiten ja immerhin hie und da schwankende Aussprache für die nach einem bestimmten Lehrbuche einzuübenden Stücke ein für allemal fest. Bei den fünfzig Nummern des Ulbrichschen Lesebuches kann auch der einzelne Lehrer selbst schon kleiner Inkonsequenzen in der Aussprache sich schuldig machen; das hat späterhin gewifs nichts auf sich, wo ja auch die subtile Artikulation der Schüler sich allmählich etwas abschleift und im Vortrag gelegentlich auch einmal eine minder exakte, familiäre Aussprache nicht absolut verpönt ist. Beim Anfangsunterrichte aber hat der Schüler die standard-Aussprache und nur diese zu lernen. Ein Franzose würde beispielsweise das zweite und dritte Stück im Ulbrich gewifs nicht mit jener pathetischen Accentuierung lesen, wie wir's von unsern jugendlichen Anfängern verlangen müssen; er würde sich manche Verschleifungen erlauben, die jene späterhin beim schnelleren Lesen, und wenn sie es von ihrem Lehrer in Tertia oder Sekunda hören, immer noch früh genug anwenden. Aber um zunächst einen guten Grund zu legen, kann man auch in der Aussprache gar nicht pedantisch genug sein; und zu solcher sich gewifs als fruchtbar erweisenden Pedanterie leitet mein Vorschlag hin. Durch ihn dürfte nach Möglichkeit der Gefahr vorgebeugt sein, dafs dem Schüler durch den einen Lehrer eine Aussprache als falsch oder unschön bezeichnet wird, die er bei einem andern gelernt hat; und wenn jene transskribierten Texte einer Fachkonferenz vorgelegen haben, werden sie die Basis bilden können für die an der betreffenden Anstalt gültigen Ausspracheprinzipien.

Aber so sorgsam nun auch der Lehrer auf Grund seiner lautschriftlichen Vorlagen die fremden Lautgruppen der Klasse vorspricht,

— er wird der Beihilfe der Phonetik beim Unterricht nicht gänzlich entraten können. Gewifs wird er seine Zöglinge nicht mit der Gelehrsamkeit überschütten, die er sich aus dem ihm selber unerläfslichen Studium Sweets, Victors und Beyers angeeignet, mit Theorie überhaupt die Schüler verschonen, aber eine gewisse phonetische Schulung[1]) in bescheidenstem Umfange kann er ihnen schon angedeihen lassen. Sie mag in jenem „kurzen propädeutischen Kursus" erfolgen, den die neuesten Verfügungen (L. u. L. p. 28) dem eigentlichen Sprachunterrichte voranstellen. Und wenn nun auch ebenda die theoretischen Regeln verworfen, das Vor- und Nachsprechen, Chorsprechen und Chorlesen mit Recht als Hauptmittel empfohlen werden, so ist jener einleitende, ausschliefslich der Grundlegung einer guten Aussprache dienende Kursus doch wohl nicht ohne alle und jede Belehrung gedacht, wenn nach L. u. L. p. 38 Ausbildung der Hör- und Sprechfähigkeit stets im Auge behalten werden soll. Das Fernhalten der Theorie, worin ja auch die gemäfsigten Reformer sich längst schon einig waren, wird hoffentlich nicht das ängstliche Vermeiden leichter „Hülfen" zur Folge haben, die bei Einführung in die Aussprache geradezu unentbehrlich. Solche elementaren Anweisungen, wie wir sie beispielsweise beim englischen th und r nötig haben, sollen durch das ministerielle Verbot der „Theorie" gewifs nicht betroffen werden. Giebt es doch thatsächlich Laute, bei deren genauer Einübung eine kurze Belehrung einfachster Art schneller und sicherer zum Ziele führt als oft wiederholtes Vorsprechen.

Wenn die lautphysiologische Einführung, welche die Reformer als wünschenswert bezeichnet haben, über die Grenzen des Elementarsten nicht hinausgeht, in die Form praktischer Übungen gekleidet wird und nicht mehr als zwei bis drei Stunden absorbiert, kann man sich umso mehr dafür entscheiden, als man ja beständig an die eigenen Beobachtungen des Schülers anknüpfen und ihn zu regem Mitarbeiten an der Gewinnung der gewünschten Ergebnisse heranziehen kann[2]). Die komplizierte phonetische Terminologie lasse man aus dem Spiel, was aber nicht ausschliefst, dafs die Schüler über gewisse unentbehrliche Begriffe wie offen und geschlossen, stimmhaft und stimmlos, Kehl-

---

[1]) Sie schärft die Beobachtungsgabe für die fremden Laute; lehrt Laute unterscheiden, die dem ungeübten Ohr als gleichwertig erscheinen und weckt die prinzipielle Disposition zur genauen Lautbildung, die erste wichtigste Grundlage für eine gute Aussprache. (Harnisch in den Phonetischen Studien, Bd. IV, S. 336 u. 341.)
[2]) Harnisch a. a. O. S. 335.

kopfverschlußlaut (Knacken) und Stimmbindung u. dergl. zur Klarheit zu bringen sind. Übrigens prägen sich z. B. die Ausdrücke stimmhaft und stimmlos, wenn von Anfang an konsequent gebraucht, nicht schwerer dem Gedächtnis ein, wie die anderen, weniger prägnanten „weich" und „scharf", welche zu der unter den Schülern sich gar zu leicht einnistenden Identifizierung mit „leise" und „laut" verführen. Zu den vor beginnender Behandlung des ersten Lesestückes einzuübenden lautlichen Erscheinungen gehört in erster Linie die Nasalierung, wobei die Mühe um so größer ist, als es hier gilt, eine meist vorhandene schlechte Aussprache, die durch manche bei uns eingebürgerten Fremdwörter sich als vermeintlich französisch bereits festgesetzt hat, auszurotten. Von den mannigfachen zu diesem Behufe gemachten Vorschlägen erwies sich derjenige von Quiehl und Rambeau als praktisch erfolgreichster, à — ã, è — ẽ, ò — õ, ö — ö̃ gebunden und langgezogen vorzusprechen und beim Nachsprechenlassen in choro ein Zeichen zum Übergang in den nasalierten Laut zu geben und ein zweites zum plötzlichen Abbrechen desselben, wodurch der Schüler verhindert wird, den Laut in konsonantisches η (ng) übergehen zu lassen.

Was sonst noch in dem zunächst vorauszuschickenden kurzen propädeutischen Kursus dem Schüler zum Bewußtsein zu bringen oder mitzuteilen und zu üben wäre, stellt Harnisch, der gleichfalls unter Ulbrichs Leitung seine Erfahrungen gesammelt, in seinem Aufsatze „Die Verwertung der Phonetik beim Unterricht" bündig und treffend zusammen. Er will die eigentliche Inangriffnahme des ersten Textes durch die erwähnte phonetische Introduktion keinesfalls über die zweite Unterrichtsstunde hinaus verschoben sehen. Was im Einzelnen zur Aussprache noch zu sagen ist, wird da erledigt, wo es sich im Verlaufe der Einübung des Stückes just darbietet. Bei stimmhaftem Anlaut wie in *jeune, bouclier, dit* u. s. w. erwies sich die kleine Hilfe, mit m- oder n-vorschlag zu beginnen, als nützlich. Die offenen Vokale wollen gerade unseren Berliner Schülern nicht sonderlich glücken, und um den echt französischen hellen a-laut zu erzielen, hielt ich selbst eine kleine Übertreibung nach dem ä-laute zu und den Hinweis auf das Stutzer- oder Gecken-a nicht für unangebracht. Hier ist eben jedes Mittel gut, was nur dem Zwecke der Erzielung einer idiomatischen Aussprache dient. Immer und immer wieder ist dem Schüler zum Bewußtsein zu bringen, daß es zum großen Teil neue und vom heimischen Idiom vielfach sehr erheblich abweichende Laute sind, zu denen sich sein Sprachorganismus zu bequemen hat, wenn anders man nicht ein Berliner, thüringisches, schwäbisches oder nach sonst welchen deutschen Dialekten gefärbtes Französisch erzielen will. Neben einigen schon berührten Ausspracheschwierigkeiten, mit denen speziell unsere Berliner Jugend zu ringen hat, könnte ich noch die Neigung erwähnen, das spitze französische i zu einem farblosen Laute zu degradieren, der zwischen i und e liegt. Kommt hier zum Vorsprechen noch eine kurze Anweisung bezgl. der Mundstellung hinzu, dann wird das erstrebte Resultat meist schnell sich einstellen. Bei Einübung des korrekten dumpfen e-lautes (le, ce, de, que in Ulbrichs erstem Stücke) hat wohl Jeder selbst schon erprobt, wie da die Weisung an den Schüler, die Lippen wie zum Pfiff zu runden, ungleich schneller zum Ziele führt, indefs man sich mit Vorsprechen lange vergebens abmüht.

Aber alle Sorgfalt und Genauigkeit bei der Aussprache der einzelnen Wörter reicht noch lange nicht aus, den Schüler zu einwandfreier Rezitation des französischen Textes zu befähigen, wenn er nicht über das Geheimnis der Stimmbindung die nötige Klarheit gewonnen. Er soll ja nicht Vokabeln aufsagen und aneinander reihen, sondern Lautgruppen in gehöriger euphonischer Verbindung. Wird nicht von vornherein der nach der Analogie der Muttersprache so leicht sich einstellende Kehlkopfverschlufslaut mit allen Mitteln beseitigt, dann bildet er bis in die obersten Klassen hinein ein bedauerliches Hindernis für fliefsendes französisches Lesen. Es mag hingewiesen werden auf das für den deutschsprechenden Ausländer so charakteristische Fehlen eines Verschlufslautes in Ausdrücken wie: „Hast Du ihn erkannt?" oder „Ich habe ihn nicht erkannt". Berliner Knaben werden sich gewifs erinnern, gelegentlich Derartiges gehört zu haben. Noch einfacher aber will es mir scheinen, an den Vortrag populärer Lieder in der Gesangsstunde zu erinnern, wo echte Stimmbindung so natürlich und unbewufst schon oft angewendet worden: Üb' immer Treu und Redlichkeit, Von der Ma-as bis an die Memel, Zu Mantua in Ba-anden, und als Muster kräftigster konsonantischer Bindung: O wie wohl ist mir am Abend. — So wie im letzten Beispiel die konsonantischen Auslaute von wohl, mir und am beim Singen so innig hinübergezogen werden, als ob sie vielmehr Anlaute der folgenden Wörter wären, so verfahre der Schüler beim Nachsprechen von *un jeune homme* und mag getrost zunächst der Meinung sein, das letzte Wort laute mit n an. Vom Vermeiden des Knackgeräusches bei vokalischem Satzanlaut, also von dem so charakteristischen leisen Vokaleinsatz möchte selbst Quiehl, der doch phonetische Schulung gewifs hochschätzt, weder im französischen noch im englischen Anfangsunterrichte reden. Ich sehe darin um so weniger etwas Bedenkliches, als, wie mir Gesanglehrer bestätigt haben, das „Anhauchen" der Vokale auch schon ihren jüngsten Sopranisten erklärt und ohne sonderliche Mühe beigebracht wird, — der französische Lehrer also nicht einmal etwas absolut Neues fordert, wenn er in *Un jeune homme* etc. auf korrekten Stimmeinsatz hält.

Die Einübung des ersten Satzes von „Le bouclier" (Ulbrich, Kap. I) wird nun endlich auch noch zu angemessener Wort- und Satzbetonung die erste Anleitung liefern müssen. Auch hier ist auf den grundsätzlichen Unterschied gegenüber der Muttersprache hinzuweisen, doch möchte ich im Französischen nicht auf allzu energische Betonung der letzten Wortsilbe halten, da man sonst den Schüler nachher nur schwer dazu bringt, beim Vortrag eines aus mehreren Worten bestehenden Lautganzen, zu gunsten des ans Satzende rückenden Haupttones die Wortaccentuierung zu mildern oder fast schwinden zu lassen. In leicht schwebender Betonung, ebenmäfsig und mit deutlichster Artikulation jeder gesprochenen Silbe mufs der Satz vorgetragen bezw. gelesen werden, nur am Ende der Hauptnachdruck zur Anwendung kommen, beim Vordersatz mit Hochton, am Schlufs der Periode mit Tiefton. Es liegt hierin ohne Zweifel eine gewisse Einseitigkeit und Pedanterie, die sich indessen im Anfangsunterricht (ich erinnere mich wie immer so auch hier der Erfahrungen an hiesiger II. Höheren Bürgerschule) wohl bewährt hat. Und dafs man schon auf dieser frühen Stufe das Wesentlichste der französischen Satzbetonung wenigstens zur Anschauung bringt, scheint mir durchaus gerechtfertigt.

Wie sich sonach die Behandlung des ersten kurzen Lesestückes im Einzelnen gestaltet, hat der Autor desjenigen Lehrbuches, auf das ich hier beständig exemplifiziere, Ulbrich selbst in seiner gedankenreichen Abhandlung „Über die französische Lektüre" (1884 er Programm des Berliner Friedrichsrealgymnasiums, bes. p. 25 ff.) dargelegt. Jene Schrift, mit der sich jeder nach Ulbrichs Lehrbüchern Unterrichtende gründlichst vertraut machen sollte, enthält (wie das Vorwort seines Elementarbuches unter den knappen methodischen Anweisungen) eine Forderung, von der ich — freilich nur bezüglich des ersten und vielleicht auch zweiten Lesestückes — abzuweichen mir erlaube: Vorlesen und Nachlesenlassen anschliefsend an das Vorsprechen und Nachsprechenlassen.

Demgegenüber möchte ich zur sichreren Erreichung des für die allerersten Wochen entschieden wichtigsten Zieles korrekter Aussprache vorschlagen: das Schriftbild den Schülern anfänglich ganz vorzuenthalten, die Lehrbücher ihnen abzunehmen und mit Lese- (also auch Schreib-)übungen erst nach 3—4 Wochen zu beginnen, nachdem das erste und zweite Stück völlig eingeübt worden.

Die lautliche Schulung wird zu leicht von vornherein durch die damit verquickte Orthographielehre verwirrt und verdorben, und was in der Stunde an Aussprache-Unarten den Schülern glücklich abgewöhnt zu sein scheint, schleicht sich in ihren Sprachorganismus unwillkürlich wieder hinein, wenn sie zu Hause unter Betrachtung des Schriftbildes rekapitulieren. Eine zeitweilige Unsicherheit in der Orthographie würde schlimmstenfalls in den paar ersten Dictées des zweiten Monats zu etwas reichlicheren Fehlern führen; sie schwindet, wenn dann dem Schüler fortgesetzt seine Texte vor Augen stehen: im Buch, an der Wandtafel und in seinem Hefte, in welches er von jedem einzelnen Stücke linksseitig die Abschrift, rechtsseitig die Übersetzung sauber einzutragen hat.

Es ist ja freilich wahr: wenn in der Stunde einzig und allein durch Vor- und Nachsprechen der Lautgruppen und Sätze allmählich das Stück memoriert werden soll, wird man bei unsern gefüllten Klassen notwendig das Imchoresprechen mit zu Hülfe nehmen müssen, aber wie will man andrerseits o h n e dieses Mittel den bei fast allen Schülern stark hervortretenden Trieb zur sofortigen Nachahmung fremdartiger Laute bei so vielen rasch befriedigen? Das Imchorsprechen hat Übelstände, aber es muſs eben, wie Ulbrich meint, das Bemühen des Lehrers sein, diese auf ein möglichst geringes Maſs zurückzuführen und sein Ohr durch Übung so zu schärfen, daſs er wie der Dirigent eines Orchesters in dem Schwall der Töne, der ihn umgiebt, auch geringe Fehler heraushört. Ein bequemer Unterricht für den Lehrer ist die Einführung in die Aussprache und die Einübung des ersten Textes nach der „Reform"-Methode gewiſs nicht, aber seinen Aufwand an physischer Kraft und geistiger Beweglichkeit sieht er durch die freudige Anteilnahme und fast übereifrige Mitarbeit, wie sie die Schüler erfahrungsgemäſs bei einer ihnen so völlig neuen Aufgabe an den Tag legen, reichlich belohnt.

Bei anfänglichem Verzicht auf das Schriftbild wird naturgemäſs auch die Aneignung des bescheidenen Wortschatzes ein wenig erschwert.

Um so gründlicher wird man sich beim Nachsprechen seitens der Schüler oder beim Aufsagen des in der letzten Stunde Eingeübten zu vergewissern haben, ob auch die Bedeutung der Worte richtig erfaſst ist. Dies durch geisttötendes Vokabelabfragen zu ermitteln, ist mit den Grundsätzen der Reformer völlig unvereinbar. Mag's geschehen im Anfang und wenn es später etwa einmal gilt, einem Schüler grobe Unaufmerksamkeit oder krassen Unfleiſs drastisch nachzuweisen; — im allgemeinen stehen uns doch wahrlich zur Einprägung und Befestigung eines gewissen Vokabelquantums und zur Kontrolle des thatsächlichen Besitzes angemessenere Mittel zur Verfügung. Abgesehen davon, daſs man bei intensivem analytisch-induktiven Unterrichte überhaupt nicht nötig hat, Vokabeln zu Hause „lernen" zu lassen, da sie im Unterricht selbst so häufig und in verschiedenartigster Gruppierung vorkommen, daſs sie schon in der Klasse dem Schüler ganz vertraut geworden sind, beklage ich schon den Aufwand weniger Minuten für Vokabel-Abhören als Zeitvergeudung, denn inzwischen lieſse sich neben Vokabelkontrolle noch gar manches zugleich miterledigen und üben. Sicherlich ist die Gewinnung eines möglichst reichhaltigen Wortbesitzstandes etwas Wesentliches, aber da dieser Schatz kein toter sein darf, sondern aus gangbaren Münzen bestehen muſs, von denen der Schüler in jedem gegebenen Falle den richtigen Gebrauch zu machen versteht, so biete man immer und immer wieder Gelegenheit, im Satzzusammenhang das Wort nach Sinn und Konstruktion korrekt zu verwenden.

Die vorzügliche Durcharbeitung und Anordnung des Ulbrichschen Sätzematerials erleichtert dem Lehrer solche Aufgabe ganz bedeutend. Da braucht keine Vokabel für gewisse Kapitel oder Sätze ad hoc gelernt zu werden, sondern es wird auf den bei Einübung der Texte mühelos gewonnenen Wortschatz, der sich mit jedem neuen Lesestück[1]) um ein angemessenes Quantum vermehrt, immer von neuem rekurriert. Im Zusammenhang des eingeübten Textes und im vielseitig wiederkehrenden Gebrauch prägen sich dann die Vokabeln unverlierbar ein; es beschränkt sich bei dieser natürlichen Art der Aneignung die häusliche Aufgabe zumeist auf ein einfaches Repetieren, und der Schüler wird dadurch gerade in demjenigen Punkte („Vokabellernen") ent-

---

[1]) Es wurden an der II. H. B. auch einige Abschnitte aus dem Anhang des Ulbrichschen Elementarbuches berücksichtigt, der einen „auf den Gebrauch im täglichen Verkehr bemessenen" Wort- und Phrasenschatz umfaſst, so wie ihn die neuen Verordnungen gleichfalls zur Aneignung vorschreiben.

lastet, auf den sich sonst seine Abneigung ganz besonders zu richten pflegte.

Weiterhin lassen sich die französischen Frage- und Antwort-Übungen, die meines Erachtens im Unterrichte einen noch breiteren Raum einnehmen und viel mehr als bisher üblich zu den verschiedensten Zwecken fruktifiziert werden könnten, bequem so einrichten, daſs durch besondere Fragestellung der Schüler zu einer Formulierung der Antwort hingeleitet wird, aus der die gewünschte Wort- und Formenkenntnis oder Konstruktionssicherheit zu Tage tritt.

Der Gewinn kommt zugleich der Aussprache zu gute, denn die richtige und sinngemäſse Aussprache kann das einzelne Wort nur in jenem Satzzusammenhange haben, da die Bindung und der Mangel an Stimmschluſs innerhalb eines Sprachganzen der französischen Aussprache ihre spezifische Färbung geben, — der Grammatik, denn eine bloſse Nominativ- oder Infinitivform, womit wir uns beim Vokabelabhören begnügen, würde hier nicht ausreichen, — und endlich der französischen Sprach- und Ausdrucksgewandtheit, die sich gewiſs nicht bloſs dadurch fördern läſst, daſs man erst vor Durchnahme des neuen Lesestückes noch schnell eine französische Konversation über den Inhalt des vorigen einzuschalten für gut findet.

Nicht auf gesonderten Wegen also ist den verschiedenen wesentlichen Zielen des Sprachunterrichts zuzustreben, und bei Erledigung der einen Aufgabe sind die andern nicht aus dem Auge zu lassen oder gar zu beeinträchtigen. Wird es nun aber wirklich angehen, schon beim ersten Lesestück mit Sprechübungen in bescheidnem Umfange zu beginnen? Ich glaube auf Grund eigner Erfahrungen die Frage unbedenklich bejahen zu können. Wer natürlich in solcher Unterrichtsweise überhaupt eine Beförderung der Oberflächlichkeit erkennen zu müssen glaubt, jedes Ding zu „seiner" Zeit behandelt sehen und, erst wenn dieses oder jenes Schubfach der Grammatik aufgezogen, seinen Inhalt behaglich durchkramen will, der wird konsequenterweise nicht vor dem 16. Kapitel (Pron. interrog.) des Ulbrichschen Elementarbuches (d. h. erst im zweiten Semester) mit Frage- und Antwort-Übungen beginnen dürfen. Daſs der Reformer hier minder bedenklich und ängstlich ist und selbst vor *Qu'est-ce qui* und *qu'est-ce que* schon in der ersten Zeit nicht zurückschreckt, mag immerhin den Nachteil haben, daſs zunächst Versehen und Verwechslungen recht häufig sein werden; aber bei den stetig sich wiederholenden Wendungen der direkten Frage werden doch die sonst so gefürchteten Interrogativpronomina dem Schüler allmählich vertraut, und die angebliche „heillose Verwirrung in den Köpfen", wenn schon nach wenigen Wochen französischen Unterrichts *quel, lequel, qui, que, de qui, de quoi* u. s. w. durcheinanderschwirren, macht früher als man meint, einem „Gefühl" für das Richtige, und wenn dann die Zeit gekommen, in §§ 47—49 das System zusammenzustellen, der klaren Einsicht und bewufsten Sicherheit Platz.

Es versteht sich von selbst, dafs gleichwohl zunächst auf allereinfachste Fragstellung zu halten ist und Sprechübungen nur in elementarster Weise angebracht erscheinen. Aber mit jedem folgenden Kapitel werden diese französischen Frage- und Antwortübungen an Umfang wachsen können, und es wird auf solche Weise erreicht werden, was die neuesten Verordnungen fordern: „beim Unterrichte, soweit er nicht lediglich grammatische Unterweisung betrifft, die zu lehrende Sprache in Anwendung zu bringen und fernerhin das Deutsche nur erläuternd heranzuziehen."

Da — wie oben erwähnt — der französische Dialog zwischen Lehrer und Schüler gar verschiedenen Aufgaben des Sprachunterrichts dienen und zum Teil diejenigen Zwecke mit erfüllen könnte, die man sonst mit dem beliebten „Sätzeübersetzen" verband, wird sich die Aufgabe dessen, der im ersten Jahre nach Ulbrich zu unterrichten hat, auch in dieser Beziehung als keine leichte erweisen. Es braucht die Thatsache nicht verschwiegen zu werden, dafs manche Direktoren die Einführung der im Dienste der „neuen" Methode bearbeiteten Lehrbücher deshalb beanstandeten, weil sie nicht sicher waren, allzeit die für den so überaus schwierigen Anfangsunterricht geeigneten Lehrkräfte verfügbar zu haben. Thatsächlich ist ja ein Elementarbuch wie das von Plötz in seiner älteren Gestalt ein bequemes Lehrmittel und vielleicht auch einmal in der Hand eines Nichtfachmannes verwertbar, aber was Plötz dem Lehrer an Arbeit ersparte, das wurde dafür als doppelte Last dem Schüler auf die Schultern gelegt. Soll dieser nun entlastet werden, so wird's (und das gilt auch für den französischen Unterricht) „bei Durchführung der neuen Reformpläne ohne erhebliche Mehrforderungen an die Leistungen der Lehrerschaft" wohl nicht abgehen[1]). Aber es könnte immerhin für jene der analytisch-induktiven Methode dienenden neueren Lehrbücher mancherlei geschehen, was dem hiernach Dozierenden die Handhabung erleichtert. Die Zahl

---

[1]) Vgl. die Allerhöchste Kabinetsordre vom 17. Dezember 1890.

solcher wirklichen Hülfsbücher für den Gebrauch dieses oder jenes französischen Lehrbuches ist gering; die Meisten begnügen sich, ihrem Elementarbuch etc. eine Vorrede mit kürzester Darlegung ihres Standpunktes und mit recht allgemein gehaltenen Anweisungen vorauszuschicken, wohl in der guten Absicht, die Freiheit des Einzelnen nicht zu beschränken. Unter dem Titel „Der französische Anfangsunterricht" hat Karl Kühn zu seinem Französischen Lesebuche eine Begleitschrift erscheinen lassen (Leipzig, 1887) und im gleichen Jahre überaus nützliche „Übungen zum französischen Lesebuche" veröffentlicht, nachdem er schon vier Jahre früher „Zur Methode des französischen Unterrichts" Beiträge geliefert, die für die Handhabung seiner Lehrbücher Weisungen und Winke boten[1]). Neben Julius Bierbaums „Lehrbuch nach der analytisch-direkten Methode" ist die bekannte umfangreiche Darlegung seiner Grundsätze und Forderungen vorhanden. Breymann und Moeller haben unter dem Titel „Zur Reform des neusprachlichen Unterrichts" (München, R. Oldenbourg, 1884) gleichfalls eine direkte Anleitung zum Gebrauch ihres französischen Elementar-Übungsbuches gegeben, und bei demselben Verleger kam 1889 ein Ergänzungsheft zu jenem verdienstlichen Unterrichtswerke heraus: Questionnaires, bearbeitet von Dr. Hermanni. Ein solches für Ulbrichs Lehrbuch zu publizieren, habe ich mir zwar einiges Material zusammengestellt, doch die Herausgabe bisher unterlassen, da es mir immer noch zu einseitig auf ein blofses Abfragen des Inhalts der 50 Lesestücke abzielte. Ulbrich selbst hat nach Erscheinen seines mehrerwähnten Osterprogrammes (Über die französische Lektüre an Realgymnasien. Berlin, 1884), welches übrigens zu einer Zeit erschien, wo er an die Herausgabe eines eigenen Unterrichtswerkes vielleicht noch gar nicht dachte, über die Behandlung und didaktische Verarbeitung des letzteren sich öffentlich nicht näher geäufsert, auch die Drucklegung eines Schlüssels zum Elementarbuch verschmäht. In seinen theoretischen Ausführungen in der 1884er Programmschrift, wie in der Praxis an der bis vor kurzem von ihm geleiteten Anstalt, gestattete er der Individualität des Dozierenden möglichste Freiheit: „Es bilde sich jeder seine Methode, wie seine Natur und die Umstände sie zu fordern scheinen, er lasse sprechen, lesen, schreiben, wie es ihm beliebt, vorausgesetzt, dafs Geist und Leben im Unterricht herrscht, und dafs die Hauptaufgabe erfüllt wird, welche darin besteht, dafs die Schüler

---

[1]) Vgl. auch seinen Entwurf eines Lehrplans für den französischen Unterricht (II. Mittel- und Oberstufe). Marburg, 1889.

den gelesenen Sprachstoff zu ihrem Eigentum machen und frei mit ihm schalten und walten können, und dafs sie eine korrekte Aussprache schon auf dieser untersten Stufe erwerben."

Auf die Gefahr hin, mich in Widerspruch mit dem von mir hochgeschätzten Manne zu befinden, möchte ich doch auf das Bedenkliche jener weitgehenden Freiheit insofern hinweisen, als die Geschicklichkeit und Beweglichkeit, auf die solche improvisierende Stoffbehandlung sich gründet, nicht wohl von jedem nach den neuen Lehrbüchern Unterrichtenden von Haus aus vorausgesetzt werden kann und der Herausbildung jener individuellen Methode die erste Schülergruppe als Versuchsobjekt geopfert wird. Der Hinweis auf derartige Versuchsgenerationen, die vielleicht allzu einseitig auf das eine oder das andere Ziel des Sprachunterrichts hingeleitet wurden, könnte möglicherweise den noch immer zu Tage tretenden Angriffen gegen die Reformer eine gewisse Berechtigung bieten. Und da nun, wie oben ausgeführt, der behördlicherseits verlangte vermehrte Gebrauch des fremden Idioms im Unterricht bei geeigneter französischer Fragestellung sehr wohl unsere verschiedenen Aufgaben gleichzeitig fördern kann,

> so halte ich es bei der Schwierigkeit des hierdurch dem Lehrer gestellten Problems für angebracht, dafs für jedes Kapitel des betreffenden Elementarlesebuches unter eventueller Erweiterung des Lesestückes französische Fragen derart zusammengestellt werden, dafs durch sie nicht nur der Vokabelbesitz kontrolliert und der Inhalt des gerade vorliegenden Stückes abgefragt wird, sondern auch mit Verwertung früheren Lektürestoffes das grammatische Pensum des Kapitels im wesentlichen und vollständiger zur Anschauung kommt, als dies in dem doch meist kurzen Texte geschehen ist und geschehen konnte.

In einem in Teubners Verlage (Leipzig, 1892) ganz neuerdings erschienenen Lehrbuch der französischen Sprache von Otto Boerner (Gymnasialoberlehrer in Dresden), welches den Übungen im mündlichen und schriftlichen Gebrauch der Sprache besondere Berücksichtigung schenkt, bilden französische Fragen über den Inhalt des vorangestellten Textes einen integrierenden Teil jedes Kapitels. Freilich sind sie noch nicht ganz in der Art und mit der Tendenz aneinandergereiht, wie ich dies soeben als wünschenswert bezeichnete. Die Empfindlichkeit der Herren Fachkollegen, die in der Darbietung bestimmter Fragen durchs Lehrbuch selbst eine Bevormundung oder gar einen beleidigenden Zweifel an ihrem eigenen Können erblicken, ist und bleibt ja ein wohl zu beachtender Faktor, aber weisen nicht die ewig sich wiederholenden Klagen, dafs die neuen Lehrbücher uns zu sehr belasten, während „nach Plötz jeder unterrichten könne", auf derartige Hilfsmittel hin? Und dann unterschätze man doch ja nicht die Schwierigkeit, Sprechübungen in obigem Sinne und mit Verfolgung der angedeuteten Zwecke ersprielich zu leiten, wenn wir dabei nur der einfachsten Mittel des Ausdrucks und nur derjenigen Worte uns bedienen dürfen, über deren Besitz der Schüler just zu dem gegebenen Zeitpunkte verfügt. Bei improvisierten Fragen ist es gar nicht zu vermeiden, dafs wir durch unwillkürlichen Gebrauch solcher thatsächlich noch nicht vorgekommenen Ausdrücke der Klasse zuweilen unverständlich bleiben oder das Auffinden der Antwort unmöglich machen, wenn anders sie sich nicht auf blofses Raten gründen soll. Ein Appendix des Lehrbuches aber, so wie er in Obigem charakterisiert, müfste so sorgfältig redigiert sein, dafs er neben angemessener Anleitung zur Darlegung und Befestigung des Neuen zugleich eine solche zu systematischer Repetition des Alten böte.

Es bedeutet eine beklagenswerte Durchbrechung des Prinzips der analytisch-induktiven Methode, wenn ein wesentlicher Teil des für jedes Kapitel vorgeschriebenen Grammatikpensums doch schliefslich nicht empirisch gewonnen, sondern nach alter Weise ergänzt wird; und alle wünschenswerten Erscheinungen einer Gruppe in einem Lesestück von gewöhnlich 6 bis 10 Zeilen zur Anschauung zu bringen, dürfte selbst dann kaum möglich sein, wenn man jenen Text künstlich für den gedachten Zweck zurechtbaut. Ein geschworener Feind solcher Präparate bin ich übrigens nicht, wie sich aus späteren Ausführungen ergeben wird; hier wollte ich darauf hinweisen, dafs zum Zweck der Gewinnung ausreichenden Anschauungsmaterials noch mancherlei zum Lesestücke selbst ergänzend herbeigebracht werden mufs. Das kann aufser in oben vorgeschlagener Weise französischen Dialoges auch noch durch Vorsprechen, Nachsprechenlassen und Einprägen französischer Sätze geschehen, deren ja eine erkleckliche Anzahl jedem Kapitel des Ulbrich beigefügt ist, und die sich inhaltlich möglichst eng an das eben durchgenommene und an früher eingeprägte Lesestücke anlehnen. Wenn von einigen Seiten jene Sätze für zu schwer erklärt wurden, so ist mir das wieder einmal ein recht deutlicher Beweis dafür, wie sehr das Charakteristische und die Behandlungsart jener Sätze verkannt worden, und wie schwer sich Mancher von der alten Überlieferung losmachen kann, dieselben vom Schüler „lesen und übersetzen" zu lassen. Gewiſs mag auch das gelegentlich geschehen (nota bene: ohne das Deutsche laut lesen zu lassen!), aber nutzbringend und erquicklich wird's erst sein, wenn jede andere Aufgabe des Kapitels gelöst, der Stoff geläufig, das Sätzematerial wohl vorbereitet, die Möglichkeit flieſsender französischer Wiedergabe also gegeben ist, — kurz gesagt: als Repetition und zur letzten Kontrolle, ob der Schüler den gewissen Teil des grammatischen Pensums sich völlig zu eigen gemacht. Wo sich beim Übersetzen seitens meiner Quartaner das aus eigner Schulzeit sattsam bekannte Zusammenstümpern von Wörtern zeigte, war mir dies ein Beweis, daſs ich mit dem erwähnten „Mittel der Repetition und Kontrolle" zu früh gekommen. Dann breche man lieber ab, will man nicht durch solches mühsame Zusammenbringen einer fragwürdigen Übersetzung das keimende Sprachgefühl ertöten statt es zu fördern, oder das beeinträchtigen, was man in Bezug auf Aussprache, Satzbetonung und Vortrag bisher anerzogen zu haben glaubt.

In Wirklichkeit ist aber die Übertragung Ulbrichscher Sätze, wenn sie zur geeigneten Zeit und unter Berücksichtigung der oben betonten Prinzipien gefordert wird, dann nicht mehr jene schwer zu übende „Kunst", die Quousque Tandem aus der Schule verbannen möchte. Bei der engen Anlehnung jener Gruppe von Übungsmaterial an das durchgearbeitete Lektürequantum ist natürlich eine möglichst groſse Mannigfaltigkeit des Ausdrucks in den deutschen Sätzen angängig, nützlich und auch thatsächlich vorhanden, und das mag es wohl sein, was sie auf den ersten Blick schwieriger erscheinen läſst als sie sind. Schon im 3. Lesestück für die Stelle: „*un beau jour il eut le courage d'aller droit à lui et de lui demander comment il se portait*", im vierten bei dem Satze: „*ayant appris que Gryllus était mort en combattant bravement*", in No. 15 für den Ausdruck: „*éclate à dix pas*" u. s. w. u. s. w., sind gar mannigfache Verdeutschungen als schön und richtig zugelassen worden; den verschiedenartigen deutschen Wendungen begegnet nun der Schüler in den an Durchnahme des Lesestückes sich anschlieſsenden Übungen wieder, überträgt sie in einer ihm aus dem Originaltext bekannt gewordenen Form und gewinnt so einen sich mehr und mehr schärfenden Blick für idiomatisches Französisch und für das Unterscheidende des deutschen Ausdrucks und Stils vom fremdsprachlichen. Die zunächst unbewuſst angeeigneten echt französischen Wendungen aber, die der Schüler, des durchgeübten Musterstückes sich erinnernd, ohne Schwierigkeit reproduziert, bis sie ihm ganz vertraut geworden sind und dauernd gang und gäbe bleiben, sammeln sich schliefslich für seinen Geist zu einem lebendigen Schatze, dessen Verwertung dann auch seinem freien (mündlichen, wie schriftlichen) Gedankenausdrucke die wünschenswerte idiomatische Färbung sichert. Welch hohe Bedeutung das auf solche Weise anerzogene Sprachgefühl für die uns vorgeschriebenen praktischen Lehrziele hat, braucht hier nicht weiter dargelegt zu werden. In den Instruktionen für den Unterricht an den Realschulen in Österreich (Wien, 1891) wird die Weckung des Sprachgefühls ausdrücklich gefordert, und auch bei uns haben Männer der Praxis längst schon darauf hingewiesen, dafs zuvörderst aus möglichst reicher Sprachanschauung der Trieb zur Nachahmung und jene selber anzuregen und zu begünstigen seien, und dafs in der Aneignung des Sprachgefühls ein wesentliches Fördernis des Unterrichtes liege. Wenn ein Mann wie Scheibert solches ausgesprochen, so kann man ihm, der 15 Jahre Gymnasiallehrer, 15 Jahre Realschuldirektor und 18 Jahre Provinzialschulrat war, Mangel an Erfahrung wenigstens nicht nachsagen oder seinen Standpunkt als „unpädagogisch" kurzer Hand verwerfen.

Was neuerdings hauptsächlich wieder die Gegner unserer auf Förderung des Sprachgefühls gerichteten Bestrebungen in Harnisch bringt, und was uns auch nach Veröffentlichung der neuen „Lehrpläne und Lehraufgaben" noch manche Angriffe erwarten läfst, ist das Vorurteil, dafs in dem von den Reformern gepflegten Sprachgefühl der Grammatik ein grimmiger Feind erstehe. Nun, ich habe nicht ohne Absicht diesen viel umstrittenen Punkt gerade demjenigen Teile meiner Ausführungen angefügt, der von der Gewinnung grammatischer Erkenntnis auf analytisch-induktivem Wege handelt. Denn auch das Sprachgefühl ist eine Stütze der Grammatik, eine Stütze, die in zahlreichen Einzelfällen, wo die logische Berechtigung gewisser Erscheinungen dem Schüler nicht aufgezeigt werden kann, schwerlich zu entbehren ist. Und wenn nun auch dieses selbige Sprachgefühl beispielsweise nur einen recht beschränkten Gebrauch des Konjunktivs dem Schüler geläufig macht, ihn etwa zu vielfacher Umgehung dieses Modus führt, so bedeutet das für den Umfang des grammatischen Wissens und Könnens zwar unzweifelhaft eine gewisse Einbufse, ja unter Umständen gar einen Verzicht auf diese oder jene Regel, welche bislang zu kunstreicher Geistesgymnastik willkommenen Anlafs bot, allein die neuen Verordnungen geben uns ja zur Einschränkung des überreichen grammatischen Materials nicht nur das Recht, sondern machen uns dieselbe geradezu zur Pflicht, und — dies vorausgesetzt — scheinen mir besonders h i e r, in den Paragraphen bezüglich des Konjunktivs, kräftige Streichungen wohl am Platze. Was der Grammatik dadurch abgeht, wird in diesem Falle für Erleichterung einer gewandten, entschieden idiomatischeren freien Ausdrucksfähigkeit gewonnen. So wäre es denn überhaupt als wünschenswert zu bezeichnen, dafs die jetzt geforderte Verminderung des grammatischen Stoffes nicht einseitig nach dem Gesichtspunkte erfolge, inwieweit dieser oder jener in Frage kommende Paragraph dem idealen Ziele logischer Schulung diene, sondern mehr mit Berücksichtigung seiner Bedeutung für den üblichen sprachlichen Ausdruck.

Im allgemeinen werden die von uns vorzunehmenden Streichungen vorzugsweise Regeln betreffen, gegen deren Anwendung beim freien Ausdruck das richtig geleitete Sprachgefühl des Schülers sich ohnehin schon sträubt, oder für welche ein nicht zu eng begrenztes Lektürequantum keine oder nur ganz vereinzelte Belege geliefert. Diese „Beschränkung auf das Unentbehrliche in der Grammatik" kann und wird die Reformer nicht dazu verleiten, die hohe Aufgabe sprachlichlogischer Schulung aus dem Auge zu verlieren, oder minder nachdrücklich auf klare Erkenntnis und gründliche Befestigung des Grammatischen zu halten. Immer von neuem wieder haben sie gegen die Unterstellung zu protestieren, dafs sie den Wert der Grammatik verkennen, ihr einen Platz im Unterrichte anweisen, der ihrer Bedeutung nicht entspräche. Wohl ist sie uns eben nur ein Mittel zum Zwecke[1]), aber ein wertvolles, und wir achten sie wahrlich nicht gering, wenn wir so unablässig die Frage zu ergründen trachten, wie grammatische Erkenntnis am natürlichsten und erfolgreichsten zu gewinnen sei. Mag unser Weg ein anderer sein und unser Blick dabei beständig auf das wesentlichste Endziel, die thatsächliche Sprachbeherrschung, sich richten, — in dem Bestreben, die Schüler auch zu g r a m m a t i s c h e r Sicherheit zu führen, dürften die gemäfsigten Reformer den Systematikern um nichts nachstehen. —

---

[1]) In a l l e n höheren Schulen soll die Grammatik künftig nur M i t t e l z u m Z w e c k e sein, — so heifst es in der Denkschrift, welche die Unterrichtsverwaltung bei Herausgabe der neuen Lehrpläne in No. 11 des Reichsanzeigers (vom 14. Januar dieses Jahres) veröffentlicht hat.

Es wurden, wenn ich noch einmal kurz rekapitulieren darf, wesentlich drei Quellen angegeben, aus denen beim analytisch-induktiven Unterricht des Französischen (im besonderen nach Ulbrich) die grammatische Anschauung zu schöpfen ist: Das an der Spitze des betreffenden Kapitels stehende Lesestück, die daran sich anschließenden Sprechübungen und eine Anzahl vom Lehrer vorgesprochener und mit den Schülern eingeübter Sätze, die sich inhaltlich an bekannte Texte anlehnen, sie sozusagen „umbauen". In ihnen, wie in den Sprechübungen sollte alles das mit verwertet und aus der Erinnerung des Schülers geweckt werden, was aus früher eingeübtem Lektürestoff die zur Erkenntnis zu bringenden Grammatik-Paragraphen illustriert. Zur Zeit, als die einzelnen Brocken unsres Anschauungsmaterials im Zusammenhang dieser oder jener kleinen Erzählung dem Schüler zum ersten Mal entgegentraten, pflegte ich gewöhnlich ganz kurz den betreffenden grammatischen Punkt zu berühren, im übrigen aber auf eine meist in naher Zukunft bevorstehende Gelegenheit hinzuweisen, wo der vorliegende Fall eingehendere Berücksichtigung finden werde. Wiederholt sich ein und derselbe wenn auch nur flüchtige Hinweis bei vier, fünf Lesestücken, dann kommt es vor (und ich spreche auch hier aus Erfahrung), daß man oft zu seiner eignen Überraschung, schon bevor man an dem fraglichen Grammatik-Kapitel steht, bei einigen Schülern Vertrautheit selbst mit schwierigeren syntaktischen Regeln konstatieren kann. Das Anschauungsmaterial für den Unterschied von Imparfait und Prétérit, sowie für die Veränderlichkeit des Participe passé ist schon nach der Hälfte der Ulbrichschen Lesestücke ein so stattliches, daß es eine zu beklagende Bescheidenheit in unsren Anforderungen an Fassungskraft und Gewandtheit des Schülers sein würde, wenn wir ihn so frühzeitig noch nicht zu bewußt korrekter Anwendung der selbst gefundenen wichtigsten Regeln anhalten zu dürfen meinen. Man wende mir nicht ein, daß doch selbst Sekundanern und Primanern noch die richtige Unterscheidung von Imparfait und Prétérit Schwierigkeiten mache; selbstverständlich wird es schwer sein, selbst Vorgeschrittenere von der Wichtigkeit besagten Unterschiedes zu überzeugen, wenn sie bezüglich dieses Punktes jahrelang haben frisch darauf los sündigen dürfen, bloß weil der Lehrer einem späteren Grammatikpensum nicht vorzugreifen wagte. Man braucht Verstöße dieser Art Quartanern gegenüber bei weitem noch nicht zu Kapitalverbrechen zu stempeln oder etwa gar sein Urteil über ihre Reife von der größeren oder geringeren Anzahl ähnlicher

Fehler abhängig zu machen; aber warum soll man ihnen denn nicht von Haus aus wenigstens die Gelegenheit bieten, sich in einem Punkte allmähliche Sicherheit zu erwerben, der für mündlichen wie schriftlichen französischen Gedankenausdruck von hoher Bedeutung?

Auf keinem Gebiete ist mir der Vorteil einer mit frühzeitig beginnender Übung Schritt vor Schritt zu gewinnenden Festigung grammatischen Könnens deutlicher entgegengetreten, als auf dem der unregelmäfsigen Verben. Ich habe mir die bezüglichen Formen aus den im ersten Kursus absolvierten Lesestücken zusammengestellt; es ist ein recht stattlicher Vorrat. Und da nun durch Sprechübungen in der früher erörterten Weise für häufige Wiederkehr der empirisch aufgenommenen Formen gesorgt ward, auch die Ulbrichschen Sätze nach dieser Richtung hin trefflich wirkten, machten die Schüler, als dann die unregelmäfsigen Verben das eigentliche Pensum bildeten die freudige Entdeckung, dafs die befürchteten Schwierigkeiten für sie zum gröfsten Teile thatsächlich nicht bestanden. Ich greife hier als Beispiel und Beleg *venir* und *tenir* (43. Kapitel des Ulbrich) heraus und stelle die bis dahin bekannt gewordenen Formen in der Folge zusammen, wie sie sich schliefslich nach Sichtung des von den Schülern selbst herbeigebrachten Materials ergab: Elle fit *venir* ses enfants (Lesestück 13). *Viens*, apporte dans la ville tes joyeux bourdonnements (12). Le volant *vient* tomber jusque sur le papier (35). Ce n'est point encore celle qui m'*appartient* (14). A tout *venant* je chantais (20). Se *tenant* debout devant lui (27). *Revenant* d'assez long voyage (28). Il *venait* de terminer l'Histoire de la guerre de Sept-Ans (32). Les bêtes féroces elles-mêmes *venaient* lécher ses pieds (30). Un habitant de Berlin *tenait* sur Frédéric les propos les plus menaçants (7). Maître corbeau *tenait* en son bec un fromage (43). A elle seule *appartenait* l'honneur (37). Aucune qui en *revienne* (19). Toute l'impétuosité des Suisses *vint* échouer (42). Quand on *vint* lui annoncer . . . (4). Maître renard lui *tint* à peu près ce langage (43). Le peuple le *retint* (34). Quand la bise *fut venue* (20). Avant d'*être parvenu* aux portes du jour (30). Un lion *devenu* vieux faisait le malade (19). — Jedes einzelne der Beispiele ist dem Schüler ganz geläufig und, weil im Zusammenhang irgend einer drastischen Anekdote oder Fabel eingeprägt, ihm zu dauerndem Besitz geworden. Nun hatte ich oft genug, wenn mir auf meine Frage zu Beginn der Stunde: Qui est absent? der Primus einen Schüler genannt, an einen dem Fehlenden befreundeten Mitschüler die Erkundigung gerichtet: Est-il malade? Quand *reviendra-t-il*? Und so durfte denn auch die in obiger Tafel noch fehlende Futurform des unregelmäfsigen Verbs bei den Schülern als bekannt vorausgesetzt werden. Da bereits seit dem 29. Kapitel die Schüler darüber im Klaren sind, wie sie nach den Hauptformen des Verbums die übrigen zu bilden haben, dürfte der Rückschlufs von *revenant, venant, venait* und *tenait* auf *nous venons* sich wohl selbst dem Schwächsten sofort darbieten, ebenso der Schritt von *revienne* zur Grundform *ils viennent*. Unser Weg führt uns demnach auch schliefslich zum System; das so erarbeitete Wissen aber ist denn doch bleibender und wirkungsvoller als ein mühsames Einprägen vom „a verbo" oder als das leider noch immer recht beliebte Verfahren, die unregelmäfsigen Verben kapitelweise derart vorzunehmen, dafs man heute dem Schüler eine gewisse Portion davon vorsetzt und nun in 20, 30 ad hoc konstruierten Sätzen mit bunt durcheinander wirbelnden Formen dieselben übt, morgen oder übermorgen ein weiteres Quantum der nämlichen Prozedur unterwirft. Nach ein paar Wochen mag man es ja dann wohl glücklich soweit gebracht haben, dafs der gequälte Schüler mit seinem Leidensgefährten im Faust ausruft: Mir wird von alledem etc. etc. — Heute noch, also zwölf Jahre nachdem Perthes' Heroldsruf erklungen, hört man (nicht blofs von gegnerischer Seite) leider recht oft und überzeugungskräftig das Ceterum censeo: Die unregelmäfsigen Verba müssen „gepaukt" werden, damit sie „sitzen"! Nun, ich glaube, man wird es nach dem oben gegebenen Beispiele doch zum mindesten für möglich halten müssen, dafs die wichtigeren unregelmäfsigen Verba „sitzen", bevor man überhaupt noch in die Verlegenheit kommt, sie zu „pauken". Und mit den Verbformen selbst sind, wie unsere für *venir—tenir* gelieferte Zusammenstellung lehrt, in den herangezogenen Textstellen zugleich noch fünf Komposita, die Konstruktion von *venir* mit *être* und die wichtigen Verbindungen *venir faire qch.* und *venir de faire qch.* dem Schüler gelegentlich bekannt geworden. Unser Lehrbuch bietet ja nun natürlicherweise nicht für jedes einzelne unregelmäfsige Verb Anschauungsmaterial in gleicher Fülle, aber ich bin weit entfernt, dies als erheblichen Mangel zu beklagen. Das Nichtvorkommen gewisser Formen in der doch gewifs recht ansehnlichen Lektürementge, wie sie Ulbrich uns bietet, mag ein Fingerzeig sein, wo auf diesem ohnehin die Schüler so leicht verwirrenden Gebiete Streichungen zulässig oder wünschenswert. Wird z. B. croître geopfert, um dafür die Kenntnis des wichtigeren croire in seinen verschiedenen Temporibus um so mehr zu sichern, so kann ich darin einen nennenswerten Verlust ebensowenig erblicken, wie in dem Verzicht auf eine Reihe von Compositis. Der späteren Lektüre mag es überlassen bleiben, hier Nachträge zu liefern. Und sollte einmal für eine thatsächlich unentbehrliche Form aus dem Anschauungsmaterial des Lehrbuchs kein Beleg sich herbeibringen lassen, nun, so mag hier noch auf eine vierte, schon oben kurz erwähnte Quelle für grammatische Anschauung hingewiesen werden, auf jene zahlreichen französischen Anweisungen, Fragen und Bemerkungen, die der Lehrer von den ersten Stunden an seinem Unterrichte einstreut, bis sie schliefslich mit wachsender Aufnahmefähigkeit seitens der Schüler insoweit zunehmen, dafs das deutsche Idiom (aufser in der Übersetzung als solcher und bei der rein grammatischen Unterweisung) endlich ganz aus der französischen Stunde verschwindet.

Da ist es nun ganz und gar Sache der Geschicklichkeit des Lehrers, schon frühzeitig gerade solche Formen und Wendungen dem Ohr und der Zunge des Schülers geläufig zu machen, auf deren allmähliche Aneignung (aufserhalb des Rahmens des zunächst Vorgeschriebenen) er etwa besonderes Gewicht legt. Ich flechte hier in bunter Reihe ein paar solcher Ausdrücke ein, wie sie mir im Augenblick zufällig einfallen: *Asseyez*-vous! *Assieds*-toi! *Ouvre* ton cahier! *Ouvrez* vos livres! Les livres sont *ouverts*! *Lisez*! Nous *verrons*! *Prends* la craie! Avez-vous ce qu'*il faut* pour écrire? *Ecrivez*! *Dites*-le-moi! *Faites*-le! *Va* chercher ton étui à plumes! Qu'est-ce que tu *veux*? *Pourriez*-vous me dire? Je *crains* que cet élève *ne soit* malade! *Va* le voir et *demande*-lui, quand il *reviendra*! u. s. w. u. s. w. — und ich finde, dafs schon in diesen spärlichen Brocken, die naturgemäfs oft genug wiederkehren, manche Formen, die wir im vorbereitenden Übungsstoff vermissen, empirisch angeeignet werden und später am geeigneten Orte zu willkommener Verwendung gelangen können.

Meines Erachtens ist damit der Vorrat von Mitteln erschöpft, die der mündliche französische Unterricht dem Zwecke der Gewinnung von grammatischem Anschauungsmaterial dienstbar machen kann. Ich glaube dargethan zu haben, dafs solche Stoffsammlung frühzeitig schon in einer Weise zusammengebracht werden kann, welche die teilweise, späterhin ausschliefsliche Anwendung des Französischen als Unterrichtssprache bequem zuläfst. Um das im Einzelnen Gewonnene festzuhalten, wurde das, was für unsren Zweck momentan wichtig, an der Wandtafel notiert. Freudig und in lebhaftem Wetteifer bringen die Schüler selber die Bausteine herbei, aus denen das grammatische Gebäude errichtet werden soll, und erarbeiten sich sozusagen selber ein Gesetz, dem der Lehrer zuweilen nur noch die klare bündige Fassung zu geben braucht. Wo Unklarheiten und Zweifel zu beseitigen, mit einem Worte grammatische Belehrungen am Platz sind, wird die deutsche Sprache unentbehrlich sein, wie sie denn überhaupt von dem Punkte an zu dominieren hat, wo man von der Aufspeicherung des Materials zur Sichtung und zum Systeme fortschreitet. Sind wir auf solchem Wege zum Ziele gelangt, dann mag die Grammatik aufgeschlagen, der betreffende Abschnitt gelesen und zu weiterer Übung (mündlich wie schriftlich) übergegangen werden. Wenn es in den „Lehrplänen und Lehraufgaben" (S. 38) heifst, dafs auf eine feste gedächtnismäfsige Einprägung von Formen und wichtigen syntaktischen Regeln, deren Verständnis jedoch induktiv vorzubereiten sei, nicht verzichtet werden könne, so ist damit doch keineswegs gesagt, dafs der Lehrer bei der Kontrolle des thatsächlichen Besitzes dieses Gedächtnismaterials in einfachem Abhören seine Aufgabe zu suchen habe. Um zu eruieren, ob das Erworbene nun auch zu sicherm Eigentum und völlig klar geworden, pflegte ich auf Abfragen grammatischer Regeln nicht eben viel Zeit zu verwenden, habe auch den Schülern das wiederholte Aufsagen von Paradigmen gern erlassen, wenn ich auf andre Weise die wünschenswerte Formensicherheit feststellen konnte. Mit Recht hebt Ulbrich in seiner Programmschrift tadelnd hervor, wie schwer sich Flexionsübungen alten Rezepts an der Sprache versündigen, wie durch das greuliche: je n'ai pas, tu n'as pas, il n'a pas und n'ai-je pas, n'as-tu pas, n'a-t-il pas u. s. w. der Schüler systematisch zu falscher Betonung gebracht wird. Und meinerseits möchte ich besonders dem noch vielfach üblichen Durchkonjugierenlassen des Konjunktivs mit que ein Ende gemacht sehen, was den Schülern ja doch nur eine falsche Meinung von der Häufigkeit dieses Modus im Konjunktionalsatze beibringt und sie besonders oft zu der falschen Anwendung des Subjonctif in der indirekten Rede verführt. Überhaupt will es mir scheinen, als liefsen wir Lehrer gerade für den Subjonctif in der Klasse eine besonders zärtliche Neigung erkennen. Dann dürfen wir uns freilich nicht wundern, wenn die Schüler später bei jedem Nebensatze ängstlich stutzen und in ihrer freien Ausdrucksfähigkeit gehemmt werden durch die in ihrer Erinnerung drohend auftauchenden Regeln über den Gebrauch eines Modus, den die Franzosen von heute ja ohnehin — wo es angeht — am liebsten vermeiden.

Was die bewufsten Konjugationsübungen herkömmlicher Art betrifft, so pflegt man deren Wert und Bedeutung im ganzen weit zu überschätzen. Zudem giebt es ja so mannigfaltige anregendere Experimente, das Wissen des Schülers auf diesem Gebiete zu prüfen; und wer Walters „Französischen Klassenunterricht" (Marburg, 1888) oder das Rofsmann-Schmidtsche Lehrbuch (Leipzig, 1892, Velhagen) daraufhin durchsieht, wird manchen Wink der erfahrenen Verfasser, den Unterricht auch nach dieser Seite hin zu beleben, dankbar acceptieren. Mufs denn nun gerade immerfort aufgesagt werden: je me suis défendu, tu t'es défendu, il s'est défendu, nous nous sommes défendus etc.? Auf den beliebten Betonungsfehler wird der Schüler bei derartigem Rezitieren ohnedies ungern verzichten. Will man ihm da nicht lieber einen kleinen Dialog etwa folgender Art bieten: Comment t'appelles-tu? — Je m'appelle comme mon père. — Et ton père? Comment s'appelle-t-il? — Il s'appelle comme moi. — Comment vous appelez-vous tous les deux? — Nous nous appelons l'un comme l'autre. ... Am besten schliefst man auch dieses Genre von Übungen eng an die Lektüre an und läfst beispielsweise eine einfache Erzählung dialogisieren oder setzt statt einer Person, von der im Texte die Rede war, mehrere voraus, oder veranlafst den Schüler, die Geschichte so wiederzugeben, als sei sie ihm selber passiert u. dergl. Wer solche Versuche selbst mit einer Klasse angestellt hat, wird mir zugeben müssen, dafs in ihnen die Möglichkeit geboten ist zu freien grammatischen Übungen, ohne dafs man nötig hat, mit dem in ewiger Wiederholung ja doch nur abstumpfenden und zur Gedankenlosigkeit verführenden „Durchkonjugierenlassen" die Zeit zu verbringen, und ohne dafs man andrerseits das eigentliche Übersetzen deutscher Sätze zu Hilfe nimmt.

Da nun aber diese letzteren, wie schon hervorgehoben, in Ulbrichs Lehrbuche in geschicktester Weise ein dem Schüler im ganzen vertrautes Stoffgebiet berühren, so konnten auch sie unbedenklich zum Zweck der Übung und der Kontrolle grammatischer Kenntnisse ihre Verwendung finden. Ein Teil davon war, wie erinnerlich, vom Lehrer französisch vorgesprochen und, um ergänzendes Anschauungsmaterial zu liefern, eingeübt worden. Diese Sätze wird der Schüler, besonders wenn ihre erneute Durcharbeitung ihm aufgegeben worden, in der nächsten Stunde nach dem Buche unschwer fliefsend vortragen können; an einer weiteren Anzahl von Sätzen, die nicht vorher durchgenommen wurden, mag er dann bei schriftlichem Übersetzen zeigen, dafs er die grammatischen Gesetze nun auch selbstthätig richtig anzuwenden versteht. Ein wichtiger Faktor zur Erreichung desselben Zieles sind mir aber auch hier wieder die Sprechübungen, welche, wie früher erwähnt, aufser für andere Zwecke auch für den der Übung und Befestigung grammatischer Kenntnisse nutzbar zu machen sind. Vor einer gewissen Art von Textzerarbeitung braucht heute wohl nicht mehr gewarnt zu werden, denn über die Zeiten sind wir nun doch hinaus, wo auf Schritt und Tritt die Lektüre durch Deklinations- und Konjugationsübungen, Regelabfragen und sonstige reizvolle Exkurse unterbrochen wurde[1]).

Ich halte es nicht für überflüssig, an dieser Stelle über die Gewinnung syntaktischer Erkenntnis, wie überhaupt über den grammatischen Unterricht in den oberen Klassen einige Bemerkungen anzuschliefsen. Nur zu häufig pflegt dort die analytisch-induktive Methode grundsätzlich verlassen zu werden, und der Schüler sieht sich urplötzlich einer Art der Stoffbehandlung gegenüber, die ihm nach der in den unteren Klassen erfahrenen Anleitung absolut ungewohnt ist. Wenn selbst Albert von Roden[2]), der sich doch sonst zu den Grundsätzen der Reformer bekennt, die These aufstellt (S. 84): „Der induktive Betrieb der Syntax an der Lektüre ist als zeitraubend und schwer durchführbar nicht zu empfehlen", so ist es in der That die höchste Zeit, dafs endlich einmal durch Veröffentlichung von Erfahrungen und Lehrproben bewiesen wird:

Auch in den oberen Klassen ist das analytisch-induktive Verfahren zur Erreichung syntaktischen Wissens und Könnens möglich, nutzbringend und notwendig. Es mufs zur Anwendung kommen, wenn anders nicht die Einheitlichkeit des an der Schule herrschenden Unterrichtsbetriebes schwer geschädigt, ja zerstört werden soll.

Nun ist ja freilich die auf den oberen Klassen eingeführte Lektüre nicht immer so reich an Anschauungsmaterial gerade für dasjenige

---

[1]) Da fällt mir unwillkürlich ein Wort Mark Twain's ein, womit sich der grofse amerikanische Spötter über solche Manie, die lebendige Sprache einer Vivisektion zu unterwerfen, lustig macht: „When a German gets his hands on a word, he declines it, and keeps on declining it until the common sense is all declined out of it." (Aus: A Tramp abroad.)

[2]) „Inwiefern mufs der Sprachunterricht umkehren?" (Marburg, Elwert, 1890).

Kapitel der Syntax, dessen Durchnahme uns vorgeschrieben, und es
ist unmöglich, zuvörderst eine solche Fülle von Lesestoff zu bewältigen,
daſs sich wenigstens das Wichtigste induktiv daraus ergeben mag.
Andrerseits will man auch wieder die Lektüre nicht zu häufig noch
zu lange unterbrechen, um in der Weise, wie es an den Stücken
des Elementarbuches gezeigt worden, auf das System der Syntax hinzuarbeiten. — Ich kann, auch als Reformer, nichts gegen den bekannten Usus einwenden, 1 oder 2 Stunden wöchentlich der Syntax
als solcher zuzuwenden, wohl aber möchte ich mich dagegen erklären,
sie mit entschiedener Verletzung der neueren Methode oder auch nur
so zu betreiben, daſs man, von den ad hoc zusammengestellten Beispielsätzen des Lehrbuches ausgehend, auf diese sich beschränkt. Kann
denn das Prinzip, an die Spitze des Kapitels ein Lesestück zu stellen,
es einzuüben und zum Ausgangspunkt der grammatischen Darlegung
zu machen, nicht auch hier herrschen? Den Lektürestunden bleibt
damit ihre hauptsächlichste Bestimmung, den Autor und sein Werk
kennen zu lernen und den Inhalt des letzteren für Konversationsübungen zu verwerten. Wenn auch en passant syntaktisch wichtige
Sätze herausgehoben und für gelegentliche Verwertung in den Grammatikstunden notiert oder memoriert werden, so kann doch die Lektüre dabei eine mehr kursorische bleiben. Welches Stoffmaterial
aber soll nun wesentlich der Syntax als Grundlage dienen? Aus
der Fülle der mir bekannt gewordenen leichten französischen Prosaschriften erwies sich, nachdem ich mit Dhombres-Monod's Biographies
historiques[1]) bei drei Schülergenerationen die Probe gemacht, dieses
Büchlein als ganz vorzüglich geeignet, gleichsam die Fortsetzung zu
Ulbrichs Elementarlesebuch zu bilden. In Stil und Ausdrucksweise
an die vordem durchgenommenen Stücke erinnernd, lehnen sich
diese durchaus nicht umfangreichen zwölf Biographien auch inhaltlich
vielfach an früher Dagewesenes an, und gleich die erste, eine Darstellung des Lebens und der Lehren Muhameds, bietet Beziehungen
zu den Nummern 36 und 38 im Ulbrich. Diesen ersten Abschnitt
Dhombres-Monod's, „Mahomet", habe ich von einem hiesigen feingebil-
deten jungen Franzosen (M. Gabriel Puy Fourcat, Licencié ès lettres)
nach meinen Angaben so bearbeiten lassen, daſs in dieser Komposition alle syntaktischen Erscheinungen, die Ulbrichs erstes Kapitel

---

[1]) Band 45 der Dickmannschen Französischen und Englischen Schul-
bibliothek (Leipzig, Renger). 2. Auflage.

(„über die Wortstellung") zusammenfafst, ohne Ausnahme und zum Teil wiederholt zur Anschauung gebracht wurden. Ich bedauere lebhaft, dafs Raummangel mir verbietet, diese mit viel Sorgfalt hergestellte Arbeit hier zum Abdruck zu bringen und den Herren Fachkollegen ein Urteil darüber zu ermöglichen, ob dieses Herrichten des Textes den echt französischen Charakter der Darstellung und des Stiles erheblich beeinträchtigt hat; ich selbst glaube dies verneinen zu können. Um keinen Preis möchte ich derartige, nur als Mittel zum Zweck dienende „redigierte" Texte dem Schüler als wesentlichsten Lesestoff bieten, ja nicht einmal sie in die Lektürestunde überhaupt hineinziehen. Das hiefse die hohe Bedeutung der Lektüre gründlich verkennen, sie zu einer Magd der Grammatik degradieren. Aber vor zusammenhanglosen Beispielsätzen, aus denen die syntaktischen Regeln zu gewinnen, scheinen mir solche Kompositionen denn doch immer noch vorzuziehen. Die erwähnte Sammlung berücksichtigt vorwiegend Männer, die als Erfinder, Künstler, Seefahrer oder patriotische Helden dem Interesse der Jugend sehr nahe stehen, ja gerade für den Realschüler (ich verweise auf die Biographien von Papin, Gutenberg, Michel-Ange, Colomb, Montgolfier u. s. w.) besondere Bedeutung haben. Vielleicht liegt es im Bereich der Möglichkeit, zehn dieser Abschnitte von akademisch gebildeten, federgewandten Franzosen so umarbeiten zu lassen, dafs jeder Abschnitt als Basis für die Durchnahme eines der zehn Kapitel der Syntax dienen könnte, hat doch beispielsweise Dussouchet in seinem Hülfsbuch zu Brachet's Grammaire bewiesen, dafs sich Kompositionen zu solchem Zwecke recht wohl in gefälliger Form und idiomatischem Französisch herstellen lassen. Und schränkt man das syntaktische Pensum dergestalt ein, dafs überhaupt blofs die Veranschaulichung der allerwichtigsten Paragraphen in Betracht käme, so dürfte schon die Einübung eines entsprechend redigierten Stückes im Umfange von 15—20 Zeilen den nötigen Vorrat liefern. Um wenigstens ein Beispiel zu bringen, setze ich aus dem II. Teile von Wolters reichhaltigem Lehr- und Lesebuche das 31. Stück hierher, mit dessen gedächtnismäfsiger Einprägung der Schüler ein stattliches Quantum Anschauungsmaterial für das 4. Kapitel der Syntax und insbesondere für die Lehre vom Konjunktiv in sich aufnimmt:

Le maréchal Davoust, qui *craignait* que ses jeunes troupes *ne se livrassent* au désordre et au pillage, avait *défendu* que ses soldats *sortissent* du camp sans sa permission; il avait même *interdit* le maraudage sous peine de mort. Un jour, en se promenant, il aperçoit dans un camp un soldat qui avait une singulière tournure. C'était un dragon qui avait lié autour de sa ceinture un mouton qu'il venait de voler. Le maréchal, *furieux* que ses ordres *fussent* ainsi méconnus, se fit amener le coupable, et *avant que* le soldat *ne pût* s'excuser, lui annonça la peine qui l'attendait. Le pauvre mouton, qui bêlait d'une manière lamentable, couvrait de sa voix l'admonestation du maréchal. Tout à coup le dragon, *craignant* sans doute que son sort *ne fût* aggravé par cet étrange plaidoyer, lui frappa sur la tête: »Paix! mouton, s'écria-t-il, laisse parler le maréchal!« Le maréchal rit, pour la première fois peut-être de sa vie, et l'à-propos de l'accusé *empêcha* qu'il *ne fût* mis en jugement. —

Was aber Diejenigen, welche die analytisch-induktive Methode in den oberen Klassen für nicht mehr recht ergiebig halten, ganz zu vergessen scheinen, das ist: dafs ja doch bereits auf früheren Stufen der Syntax lebhaft vorgearbeitet worden. Es hiefse die Vorteile der neueren Lehrweise aufgeben, wenn man den in den 50 durchgeübten Ulbrichschen Stücken aufgespeicherten, reichen Schatz an Anschauungsmaterial nicht weiterhin verwerten wollte.

Als ein Vademecum sollte das Elementarlesebuch den Schüler durch alle Klassen begleiten; aus ihm soll er, in selbständiger Thätigkeit oder vom Lehrer geführt, auch zur Förderung syntaktischer Kenntnisse das Zusammengehörige suchen und gruppieren.

Ich habe mir für jeden Abschnitt der Syntax das Erforderliche aus den 50 Stücken gesammelt und dabei die des ersten Jahreskursus, welche s. Z. natürlich am gründlichsten eingeprägt wurden und auch in Sekunda noch „sitzen" dürften, besonders berücksichtigt. Es ist eine Materialfülle von erstaunlicher Reichhaltigkeit, und thatsächlich bleiben nur wenige Paragraphen ohne Beleg. Wenn ich hier den Vorrat speciell fürs 1. Kapitel der Syntax mitteile, so bemerke ich von vornherein, dafs sich aus ihm ganz allein schon, also auch ohne etwaige Zuhülfenahme neuer Lektüre, alle Regeln veranschaulichen und gewinnen lassen, und dafs ich dabei noch mehr als 40 Citate beiseite legen konnte, die nach dem hier Gebotenen nicht mehr von Belang waren:

§ 184. J'ai envoyé quelque chose à ta mère (Stück 16 des Elementarbuches). Tu as bien de la peine avec moi (16). Il donna l'ordre aux prélats de son royaume de remercier Dieu (26).

Il consacra sa vie entière au service de sa patrie (39). Elle donna son nom à la ville d'Athènes (37). Bonaparte fixa son regard sur le jeune sergent (15).

§ 185. D'une voix plus ferme et plus nette, notre bon curé lui répète son court et naïf compliment (28). Il fit enfermer dans des pots de terre toutes sortes de serpents (31). Il n'a point d'amis dans le malheur (24).

§ 186, 1. Il acheva tranquillement le sacrifice (4). Il lui enlève doucement son fusil (45). Le petit prince s'avance fièrement vers le roi (35). Blondel aimait passionnément son souverain (44). Frédéric aimait beaucoup les enfants (35). Cette discussion s'échauffa tellement (37). Les Suisses étaient très mal armés (42). Tu as bien fait (16). Elle fut presque entièrement détruite (25). Il était extrêmement flatté de son invitation (19).

§ 186, 2. Dieu nous envoie souvent le bien en dormant (46). Le dieu du jour la lui refusa longtemps (33). Les Perses qui les suivaient toujours (29). Il arrive enfin (21). Il avait déjà remarqué la bravoure (15). Thomas est bientôt pris (24). Louis XII a toujours été regardé comme un des meilleurs rois (10).

§ 186, **Anmerkung 1**. A la bataille de Mantinée il fut mortellement blessé (39). Tellus est mort glorieusement en combattant pour sa patrie (49).

§ 187, 1. Il faut sortir d'ici (40). Démosthène finit là son conte (34).

§ 187, 2. L'Eridan, fleuve d'Italie que l'on nomme aujourd'hui le Pô (33).

§ 187, **Anmerkung**. Quelques années plus tard, il fut couronné roi (10).

§ 188, 1. Pourquoi m'as-tu quitté? (9). Est-il vrai qu'en paradis on n'aura plus rien à faire? (8). Est-ce là ta cognée? (14). As-tu encore ton père et ta mère? (16). Quelle heure as-tu, toi? (47). Nous empêcheras-tu aussi de mourir? (6). — Cet homme a-t-il deux cent mille soldats à ses ordres? (7). Cette tabatière, est-elle de ton goût? (11).

§ 188, 3. A peine avait-il terminé sa lettre qu'une bombe éclate à dix pas (15). Peut-être faut-il attribuer en partie à son influence ce caractère de conquête guerrière... (38).

§ 189, 1. Il demanda où était son bouclier (39). Voilà les signes de soumission que nous envoient nos ennemis (29). Le 3 juin 1588, sortit de l'embouchure du Tage, le plus formidable armement qu'eût jamais vu la chrétienté (25). Ce caractère de conquête guerrière que prit dès lors la religion de Mahomet (38).

§ 189, 2. Ce fut là que lui apparurent la Vertu et la Volupté (5).

§ 189, 3. A son passage accourent tous les habitants (28).

§ 190, 1. D'où es-tu? (16). D'où peut venir cet argent que je trouve dans ma poche? (46). Combien gagne-t-elle par jour? (16). De quoi vit-elle? (16).

§ 190, 2. Que peut-il me faire? (7). Que ferons-nous, compère? (40). Que faisiez-vous au temps chaud? (20). Que cachez-vous sous vos vêtements? s'écrie-t-il (38).

§ 190, 3. Vive l'empereur! (39, A, 1).

§ 190, 4. Car, ajouta-t-il, on voit beaucoup de traces (19). Je vous pairai, lui dit-elle (20). Mon fils, lui dit ce grand général (1). Eh bien, lui dit le roi, prends-la (11). Mon ami, répondit la tortue, je vais aussi vite que je puis (21). Est-il vrai? demanda Paul à sa mère (8). Non, répond Thomas froidement (24).

§ 191, 1. Que l'on donne 100 écus au digne pasteur (28). Il était appelé à rendre au culte d'Abraham toute sa pureté (36). Quand on apprit au roi d'Espagne la perte de la grande Armada (26). Le roi avait fait à sa mère une pension de cent écus (16). Ils ne pouvaient se décider à envoyer à une mort certaine six de leurs compatriotes (23). Henri IV ne dit à ses soldats que ces mots: Je suis votre roi, etc. (8). Traînant avec elles ceux qui les portaient, il ouvre un passage (42).

§ 191, 2. Ne lui as-tu jamais rien envoyé? (16). —

Soll in dieser Weise die Arbeit früherer Jahre auch für die Sekundaner und Primaner nutzbar gemacht werden, so ist es gar nicht einmal nötig, dafs alle 50 Stücke des Elementarbuches noch auswendig gewufst werden. Ganz überschlagen ward s. Z. gewifs kein einziges von ihnen, denn die vorzügliche Anlage, das feste Gefüge, welches ich gerade an diesem Teile des Ulbrichschen Lehrbuches immer von neuem anerkennen mufs, läfst das Herauslösen eines oder einiger Bausteine eben nicht zu. Die langwierige und vielseitige erste Durcharbeitung dieser 50 Texte aber hat es unbedingt bewirkt, dafs aus denselben doch wenigstens diejenigen Perioden, die wir für diesen oder jenen Syntaxparagraphen brauchen, bei flüchtigem Hinweis seitens des Lehrers gar schnell wieder im Gedächtnisse auftauchen. Dem Lehrer mufs natürlich der Lesestoff der Unterstufe völlig geläufig sein, und er mufs Überblick genug haben, um bei jedem Beispiel des Zusammenhanges und des Stückes sich zu erinnern. Stoffsammlungen der Art wie die oben für das 1. Kapitel der Syntax gebotene werden sich dabei als nützlich erweisen. Ich erstaunte übrigens oft selbst über die Sicherheit, mit der die Schüler auch längere Texte von früher her noch auswendig wufsten, und kann eine Erklärung dafür nur in der gerade so vielfach verurteilten anekdotenhaften Form derselben erblicken. Man trage Sorge, dafs dieser auf den Unterstufen angeeignete Schatz von Anschauungsmaterial dauernd erhalten bleibe, und mache gelegentliche Repetitionen dadurch, dafs man sie in die Form französischer Sprechübungen kleidet, schmackhaft und immer von neuem anregend. Begleiten auf solche Weise die Lesestücke des Elementarbuches als lebendiger Besitz den Schüler durch die ganze Anstalt, so wird es — ganz abgesehen von der hierdurch garantierten reichen Vokabelkenntnis — in der That durchaus möglich sein, auch die syntaktischen Gesetze und Regeln auf dem durch die neuen Lehrpläne (S. 38) vorgeschriebenen induktiven Wege zu gewinnen, und zwar ohne Neubelastung des Gedächtnisses und ohne dem Schüler das fatale „Regellernen" zumuten zu müssen. Gewifs hat auf die aus Lektürebeispielen gewonnene Erkenntnis nun auch die Formulierung und Einprägung des grammatischen Gesetzes in erschöpfender und präziser Fassung zu folgen, doch wird man dem gedächtnismäfsigen Bewahren dieser Regel in ihrem Wortlaute bei weitem nicht den praktischen Nutzen beimessen dürfen, den für den Schüler die Erinnerung an die ihm ganz vertraut gewordenen Textmuster hat. Wenn drum die behördliche Forderung lautet, dafs auf gesichertes Können durch zweckmäfsigere Methode hinzuarbeiten sei, so dürfte Obiges immerhin als Versuch einer solchen bezeichnet werden.

Das grammatische Können nun aber zu festigen und zu erweisen, dazu bedarf es neben den einschlägigen mündlichen Übungen auch regelmäfsiger schriftlichen Arbeiten, die, soweit sie häusliche sind, durch die neuesten Verfügungen eine Einschränkung erfahren haben und als Klassenarbeiten gegen früher nicht unerheblich modifiziert wurden. Wo die neuen Lehrpläne über diesen Punkt Ausführlicheres mitteilen (S. 38), wird von den Diktaten an erster Stelle gesprochen und das Festhalten an dieser fürs richtige Auffassen des fremden Idiomes durchs Ohr so wichtigen Übungen bis in die oberen Klassen vorgeschrieben[1]).

Natürlich setzt die früheste Arbeit dieser Art, mag es sich dabei auch nur um wortgetreues Diktieren des ersten memorierten Stückes handeln, Bekanntschaft mit der Orthographie einer ganzen Anzahl von Wörtern voraus, und da wir nun oben in der Kenntnis der Schreibweise (in den ersten paar Wochen französischen Unterrichts) eine Gefahr für die richtige Aussprache sehen zu müssen glaubten, so dürfte es sich empfehlen, erst dann mit schriftlichen Arbeiten zu beginnen, wenn die Elemente der Aussprache beigebracht und das erste (oder das erste und zweite) Lesestück unter Fernhaltung des Textbildes mündlich bereits völlig eingeübt sind. Es erwies sich als nützlich, den ersten Diktaten die deutsche Übersetzung beifügen zu lassen, besonders auch da noch, wo schon ein etwas umgeformter Text den Schülern diktiert wurde. Sehr bald konnten dann die Klassenarbeiten nun auch andere, mannigfaltige Formen annehmen: zuweilen bestand die erste Hälfte aus Wiedergabe eines Teiles des gelernten Stückes, während der Rest eine Arbeit andrer Art war. Dann wurde das eigentliche Diktat so formuliert, daſs wichtigere grammatische Erscheinungen, die vielleicht vordem an andrer Stelle beobachtet, mit hineingezogen oder einige der Ulbrichschen Übungssätze französisch diktiert wurden. Nahe genug lag es, das, was von Anbeginn an in den Stunden geübt: auf französische Fragen französisch zu antworten, nun auch für die Klassenarbeit praktisch zu verwerten. Von der einfachsten Form der Fragestellung ausgehend, so daſs die Antwort mit Benutzung der vom Lehrer gebrauchten Worte, ja vielleicht durch bloſse Umstellung derselben leicht zu geben war, wurden auch hier die Forderungen planmäſsig gesteigert, die Schüler zu ausführlicheren Antworten genötigt und so ganz allmählich zu einem schriftlichen Gedankenausdruck hingeleitet, der als bescheidner Versuch freier Komposition wohl gelten konnte. Lehrreich und für den Schüler nicht ohne Interesse war es (was früher auch schon bei mündlichen

---

[1]) Vor Jahresfrist haben auch schon die österreichischen „Instruktionen" die systematische Pflege des Diktates in allen Klassen und die Übung im Niederschreiben memorierter zusammenhängender Stücke erzählenden oder beschreibenden Inhalts, sowie die schriftliche Beantwortung von französisch gestellten Fragen im Anschluſs an Gelesenes verfügt und die Wichtigkeit der Diktate (auch für die Festigung in der Formenlehre!) hervorgehoben, weil durch sie das Sprachgefühl gar wesentlich gefördert würde.

Übungen als nützlich empfohlen ward), einmal eine einfache Erzählung als Dialog wiedergeben oder als eigenes Erlebnis niederschreiben zu lassen, für eine Darstellung in Temporibus der Vergangenheit eine solche im Präsens zu fordern, für aktivische Ausdrucksweise passivische, für Partizipialkonstruktionen des Textes Nebensätze, für Perioden eine Reihe einfacher Sätze u. dgl. Wie die Schüler schon frühzeitig angeleitet wurden, dann und wann selber französische Fragen über den Inhalt von Gelesenem zu stellen und so unter einander in einfachster Form zu konversieren, so durfte die gleiche Aufgabe auch einmal zu einer schriftlichen Arbeit gestellt werden, nachdem die leichtere voraufgegangen, einen kurz zuvor und wiederholt geführten Dialog aus dem Gedächtnisse niederzuschreiben. So wäre denn also eine reiche Abwechslung in den Formen der schriftlichen Übungen möglich auch unter Verzicht auf das Medium der Muttersprache, welches doch immerhin in gewissem Grade störend die freie Ausdrucksfähigkeit im fremden Idiom beeinträchtigt. Bei dieser Mannigfaltigkeit darf das eigentliche Diktat als solches allmählich mehr zurücktreten; ganz verschwinden aber soll es auch selbst aus dem Unterricht der oberen Klassen keineswegs. Auf den Anschlufs an den zuletzt durchgenommenen Lesestoff braucht hierbei nicht allzu lange mehr Bedacht genommen zu werden, wo doch aus dem von Stunde zu Stunde sich mehrenden Wort- und Phrasenschatz sehr wohl Kompositionen zu schaffen sind, die, inhaltlich Neues bietend, gleichwohl für den Schüler in den Bereich vollen Verständnisses fallen.

Wie sehr nun aber schriftliche Arbeiten in den verschiedenen oben beschriebenen Formen die Aufnahmefähigkeit durchs Ohr üben und den Schüler dazu führen mögen, schliefslich einem französischen Vortrag seines Lehrers, ja den Worten eines Ausländers zu folgen, — wie sehr sie der orthographischen und formalen Übung dienen und zur eigenen freien Komposition in der fremden Sprache befähigen, — es möchte doch immer noch der Einwand erhoben werden, dafs dadurch für Kontrolle des thatsächlichen grammatischen Könnens noch nicht ausreichend gesorgt sei. Nun, wir gemäfsigten Reformer nehmen ja unter gewissem Vorbehalt an gelegentlichen Extemporalien alten Stiles keinen Anstofs. Hauptsache bleibt hier jedoch die Anlehnung an Gelesenes; und vorbereitete Sätze der Art, wie sie Ulbrich in jedem Kapitel zusammengestellt, dürften aus diesem Grunde geeignetes Material liefern. Ich habe es an mir selbst beobachtet, wie schwer wir neusprachlichen Lehrer uns von der alten Tradition losmachen, nach Erledigung dieses oder jenes Kapitels der Grammatik nun gleichsam als „Probe aufs Exempel" ein Extemporale über jene Paragraphen zurechtzubrauen, in welches sorglich alles das hineingepackt wird, was das bewufste Kapitel eben bietet. Was zum Können, zur wirklichen Sicherheit in der Anwendung einer Regel führt, ist nun aber nicht, dafs sie einmal in einem gepfefferten Ragout voller grammatischen Spitzfindigkeiten verarbeitet worden, sondern vielmehr, dafs in reichlicher Lektüre und den daraus sich ergebenden Übungen wiederholt die geeignete Anschauung geboten, und dafs, wie es in dem Ulbrichschen Sätzematerial so mustergiltig geschehen, immer von neuem auf Früheres rekurriert wird.

Es mag sein, dafs dieser letztere Weg am Schlufs des ersten Jahres, wenn dann etwa eine Übersetzung aus dem Deutschen als Probearbeit gestellt wird, zu einem nach oberflächlichem Urteile noch nicht sonderlich befriedigenden Resultate führt, aber man darf eben nicht vergessen, dafs beim Ausgehen von der Lektüre dem Schüler schon früh eine reiche Fülle sprachlicher Erscheinungen entgegengetreten, die ihm nach so kurzem Zeitraum unmöglich schon alle ganz und gar geläufig geworden sein können. Bei dem zugleich auf andere wertvolle Ziele gerichteten Unterricht der Reformer reift die Frucht völliger Sicherheit auf den verschiedenen Gebieten der Grammatik vielleicht später, aber sie reift gewifs. Vieles aus der Grammatik konnte auf der Unterstufe nur eben begonnen, manches nur flüchtig berührt werden. Aber dafs überhaupt wichtige syntaktische Erscheinungen, die sonst den Augen der Quartaner ängstlich entzogen wurden, schon frühzeitig begegneten und auch in schriftlichen Arbeiten ihre Stelle fanden, ist ein gar nicht hoch genug anzuschlagender Gewinn für die späteren Klassen. Aus der somit erklärlichen gröfseren Zahl der Fehler in den Klassenübersetzungen im ersten Jahre mufs man darum dem Schüler keine ungerechtfertigten Vorwürfe machen oder gar seine Versetzungsreife nach dem Ausfall einer Arbeit solcher Art bemessen. Wohl verlangt die Prüfungsordnung von den Abiturienten der Realschule eine Übersetzung aus dem Deutschen, die sich von gröberen Fehlern frei hält, aber bis dahin ist auch dem Schüler ausreichend Zeit und Gelegenheit geboten, zu festem und dauerndem Besitz zu machen, was in den unteren Klassen völlig zu befestigen noch nicht möglich war. Hätten übrigens die amtlichen Bestimmungen dem Realschulprimaner eine freie Ausarbeitung in französischer Sprache als Prüfstein seines Könnens gesetzt, so würde er einer solchen Aufgabe um so eher haben genügen können, als ja die Methode des bisher genossenen Unterrichts, die stete Übung im praktischen Gebrauch, die Anleitung zur freien Ausdrucksfähigkeit eigentlich gerade auf ein solches Ziel hinweisen. Wenn sich der Schüler in den Formen des französischen Ausdrucks gewandt zeigen soll, die der gesellschaftliche Verkehr unter Menschen fordert, so ergiebt sich hieraus für schriftliche Übungen vor allem die Notwendigkeit, auch den französischen Briefstil zu kultivieren. Und wenn gerade die Abiturienten unsrer Realschulen vielleicht eher als andere in die Lage kommen, auf diesem Gebiete (etwa vor einem Prinzipal) eine Probe ihres Könnens zu liefern, so will es mir nicht unangebracht erscheinen, schon in unsrer obersten Klasse gelegentlich derartiges zu fordern. Der Lehrer trägt deutsch oder französisch über einen Gegenstand von kaufmännischem, technischem, geschichtlichem oder allgemein persönlichem Interesse vor, giebt nötigenfalls einige kurze Notizen und überläfst es dann dem Schüler, in Gestalt eines französischen Briefes in freiem schriftlichen Ausdruck das Mitgeteilte wiederzugeben. Unzweifelhaft sind in den neuen Lehrplänen und Lehraufgaben dergleichen rein praktische Lehrziele sehr deutlich ins Auge gefafst; jedoch als Abiturientenarbeit eine im Genre der eben charakterisierten zu fordern, dazu würde ich mich nach der „Ordnung der Reifeprüfungen" (S. 37) nicht für berechtigt halten, heifst es doch dort: der Realschulabiturient mufs ein nicht zu schweres „deutsches Diktat" ohne gröbere Fehler in die fremde Sprache zu übertragen im stande sein. Wäre statt solcher genauen Wiedergabe eines vorgelegten deutschen Textes eine nur inhaltlich damit übereinstimmende freie französische Komposition als Examenarbeit gestattet, dann freilich könnte auch in den früheren Klassen der eigentliche Übersetzungsballast noch weiterhin reduziert werden und die Methode der Zukunft auch an den Realschulen eine konsequentere Reformmethode sein, als dies heute noch möglich.

Die „Ordnung der Reifeprüfungen" verlangt von dem Realschulabiturienten die Befähigung, leichte historische und beschreibende Prosa mit grammatischem Verständnisse und ohne erhebliche Hülfe zu übersetzen; und nach den „Lehrplänen und Lehraufgaben" gilt es in den oberen Klassen, zumal an Realanstalten, die Bekanntschaft mit dem Leben, den Sitten, Gebräuchen, den wichtigsten Geistesbestrebungen derjenigen Nationen zu vermitteln, deren Sprache wir lehren, und es sollen zu diesem Zwecke besonders moderne Schriftwerke ins Auge gefafst werden. Durch diese Forderungen, die zum Teil gerade von den Reformern von jeher mit besonderem Nachdruck geltend gemacht wurden, wird unsre Auswahl angemessener Lektüre für die oberen Klassen der höheren Bürger- (bezw. Real-) Schulen im wesentlichen bedingt. Es setzt ja bei dem neusprachlichen Lehrer immerhin eine gewisse Entsagung voraus, wenn er von der Besprechung poetischer Meisterwerke aus klassischer Zeit absieht oder auf die Lektüre der glänzenden Prosateurs des vorigen Jahrhunderts verzichtet. Aber die mehr auf praktische Ziele gerichtete Tendenz der Realschulbildung zwingt uns zu dieser Beschränkung; es zwingt uns hierzu auch die Einsicht, dafs wir unsre Zöglinge nicht wohl in eine Geisteswelt einführen können, die gerade ihnen allzu fern und fremd ist, oder für welche das Fassungsvermögen doch erst in einem Alter erwacht, wo Abiturienten sechsklassiger Anstalten bereits ins Berufsleben übergetreten sind. Aber auch innerhalb der uns gezogenen Schranken kann die französische Lektüre der oberen Realschulklassen doch sehr wohl neben praktischen Tendenzen einer idealen Richtung gebührend Rechnung tragen. Sorgen wir dafür, dafs der jugendlichen Begeisterung Stoff geboten wird, z. B. durch die Biographien von Männern, die, im gesunden Bürgertum herangereift, durch eigene Kraft und rüstiges Streben vorwärts gekommen sind, einen rühmlichen Kampf des Lebens gekämpft und in den Berufszweigen Hervorragendes geleistet haben, in denen sich auch unsre Schüler dereinst versuchen wollen. Die Lebensbilder eines Gutenberg, Franklin, Watt, Stephenson u. a. dürften in diesem Sinne gerade für die Erziehung und Geistesbildung unserer Schüler von besonderer Bedeutung sein. Dazu kommt, dafs bei entsprechender Auswahl derartiger Biographien den sich stets anschliefsenden französischen Sprechübungen abwechslungsreicher Stoff geboten und eine Erweiterung des Wortschatzes der Schüler nach der Seite des Technischen und Kommerziellen möglich sein wird, wie sie die neuen Lehrpläne und Lehraufgaben (S. 33) speciell den Realanstalten vorschreiben. Hieraus ergiebt sich für uns aber weiterhin die Notwendigkeit, Umschau zu halten in einem Gebiete der modernen französischen Litteratur, welches bisher leider viel zu sehr beiseite gesetzt, ja zum teil für den Unterricht an deutschen Lehranstalten noch gar nicht nutzbar gemacht worden.

Es gilt, gute französische Prosaschriften neuerer und neuester

Zeit über die verschiedensten Zweige der Technik, des Handels- und Verkehrslebens, der Industrie und Volkswirtschaft, Kulturgeschichte, Erd- und Völkerkunde und der Naturwissenschaften zusammenzubringen und in einer „Bibliothek moderner französischer Prosaschriften für die oberen Klassen der höheren Bürger- (bezw. Real-) Schulen" zu vereinigen. Bei der Herausgabe sollte sich der Neusprachler jedesmal mit einem Kollegen verbinden, in dessen Fachgebiet das betreffende Werk einschlägt, und der für die (nicht zu spärlichen) sachlichen Anmerkungen Sorge tragen müfste.

Des letzteren Rat und Beihülfe, im Bunde mit dem philologischen Urteil des Neusprachlers, bieten eine Garantie dafür, dafs unsre Schüler ebenso sicher vor Schriften von zweifelhaftem wissenschaftlichen Werte behütet bleiben, wie vor gelehrten Publikationen, deren Darstellungsweise zu aphoristisch ist, zu trocken fachwissenschaftlich, zu schwülstig, kurzum sprachlich nicht ganz einwandfrei. Aus dem Umstande, dafs dergleichen bisher noch so selten dem Schüler vorgelegen hat, darf man beileibe nicht den Schlufs ziehen, dafs wir an populärwissenschaftlichen französischen Abhandlungen, die der Fassungskraft und sprachlichen Ausbildung unsrer Zöglinge angemessen, etwa Mangel hätten. Mehr als bei uns im allgemeinen befleifsigen sich ja die ausländischen Gelehrten, in leichter, angenehmer Prosa die Resultate ihrer Forschungen populär zu machen oder überhaupt wissenschaftliche Gegenstände in einer dem Laien verständlichen Form vorzutragen. Die Schriften der gelehrten „Vulgarisateurs" Frankreichs sind eine reiche Fundgrube, und ein mit Louis Figuier's »Scènes et Tableaux de la Nature« beim Unterricht der 2. Klasse (II. II. B.) angestellter Versuch würde mich zu weiteren ermutigt haben, wenn geeignete Ausgaben zur Zeit in gröfserer Zahl unsern Schülern bequem und billig zugänglich wären[1]).

Die Lektüre in den oberen Klassen unsrer Realanstalten soll nun nach den neuen Lehrplänen (S. 38) neben der Bekanntschaft mit den wichtigsten Geistesbestrebungen der Franzosen auch eine

---

[1]) Wer sich beim Unterricht mit Anthologien behelfen zu können meint, mag zu Peters' Französischem Lesebuch (Leipzig, Brauns) greifen, worin der „Prose technique" ein breiter Raum gewährt ist, oder zu Baumgartens Anthologie polytechnique et militaire (Kassel, Th. Kay) und desselben Herausgebers „Bibliothek interessanter und gediegener Studien und Abhandlungen aus der polytechnischen und naturwissenschaftlichen Litteratur Frankreichs" (10 Bändchen).

solche mit der Geschichte, dem Leben, den Sitten und Gebräuchen unsrer westlichen Nachbarn vermitteln. An geschichtlicher Prosa ist ja kein Mangel, und Lamé Fleury, Histoire de France, Duruy, Histoire de France, sowie desselben Verfassers „Petite histoire des temps modernes" scheinen sich an den hiesigen höheren Bürgerschulen als nicht zu schwierige Lektüre besonders gut bewährt zu haben. Maréchal läfst in seiner Histoire contemporaine der neueren Zeit eingehendere Berücksichtigung zu teil werden, und sein Werk und das des Comte d'Hérisson (Journal d'un officier d'ordonnance) bieten uns lebhaft geschriebene Darstellungen des letzten deutsch-französischen Feldzuges. Aber verhältnismäfsig klein ist die Zahl der unsern Schülern in angemessenen Ausgaben zugänglichen kulturgeschichtlichen Schriften, in denen just die Eigenart des Franzosen, sein öffentliches und häusliches Leben, ein Bild von Stadt und Land so recht zur Anschauung gebracht würde. Chateaubriand, Michelet, Manuel, Alvarès, Lavallée liefern zu diesem Zwecke Geeignetes, durch Desnoiresterres (Voltaire et la société du 18e siècle) werden die gesellschaftlichen Zustände Frankreichs im vorigen Jahrhundert treffend beleuchtet, und Martins „La France industrielle" verdiente es wohl, in Deutschland mehr gelesen zu werden. Gabriel Monod, der 1870 bekanntlich gegen uns die Waffen geführt, hat doch mit löblicher Objektivität (in „Allemands et Français. Souvenirs de campagne") seine Landsleute charakterisiert. Und wenn man bedenkt, dafs das zeitgenössische Kulturleben Frankreichs sich am anschaulichsten und konzentriertesten in seiner Metropole spiegelt, wird man Monographien wie die folgenden auch im Unterrichte gelegentlich zu verwerten für erspriefslich halten: A. de Cesena, Le nouveau Paris, Coudert & Cuir, Mémento pratique (worin auch das geschäftliche Treiben, städtische Einrichtungen etc. beleuchtet), Maxime du Camp, Paris ses organes, ses fonctions et sa vie, Reclus, Paris, Joanne, Géographie de la Seine. Das einzige derartige Werk, das z. Z. in zweckentsprechender Ausgabe unseren Schülern vorgelegt werden kann, ist Francisque Sarcey, Le siège de Paris (Leipzig, Renger u. Velhagen). — Es liegt mir fern, mit obigen Hinweisen einzelne altbewährte historische Paradenummern aus dem Lektürekanon zu verdrängen; und wenn nach den neuen Verordnungen die französische Klassenlektüre es zugleich auch ermöglichen soll, ohne Überladung des Geschichtsunterrichts, für bedeutsame Abschnitte der Geschichte und hervorragende Persönlichkeiten einen durch individuelle Züge belebten Hintergrund zu gewinnen, dann wird man z. B. auf Paganel's Histoire de Frédéric le Grand (Münster, Theissing) ungern verzichten wollen. Im Vordergrunde aber müssen, das sei noch einmal besonders hervorgehoben, solche modernen Prosawerke stehen, aus denen das französische Kultur- und Geistesleben vielgestaltig in die Erscheinung tritt, und es dürfen an der Realschule insbesondere solche nicht fehlen, in welchen naturwissenschaftliche, technische, kommerzielle Fragen von allgemeiner Bedeutung in leichtfafslicher Form behandelt werden. Der oben vorgeschlagenen Sammlung derartiger Lektürestoffe der Realanstalten sollte unter anderen auch ein Band einverleibt werden, der — nicht eben umfangreich — ein paar Dutzend sachlich gruppierter französischer Musterbriefe und eine Zusammenstellung der gebräuchlichsten Wendungen im Briefstil enthält. Und soll endlich der Schüler auch für die Ausdrucksweise des täglichen gesellschaftlichen Verkehrs aus seiner Lektüre Nutzen ziehen, so wird auch modernen Lustspielen von Augier, Sandeau, Feuillet oder Pailleron oder einer Ausgabe moderner Erzählungen (Choix de Nouvelles modernes, Leipzig, Velhagen) eine Stelle im Lektürekanon der Realschule anzuweisen sein. Der sprachliche Gewinn liegt hier in der unmittelbaren Aneignung der von den redenden Personen des Dramas oder der Novelle gebrauchten Wendungen und ist weniger in den Sprechübungen begründet, die sich bei dieser Art von Lektüre bei weitem nicht so leicht und ergiebig anstellen lassen wie bei Zugrundelegung beschreibender Prosa.

Da die eigentlichen „Klassiker" der französischen Dichtung ins Pensum der Realschule nicht hineingehören, der Schüler aber in der kurzen uns zu Gebote stehenden Zeit von zwei (in der Provinz drei) Jahren doch womöglich eine Biographie, ein historisches oder kulturgeschichtliches Werk, ein populär-wissenschaftliches und ein Erzeugnis der erzählenden oder neueren dramatischen Litteratur kennen lernen soll, wird für poetische Lektüre kaum noch Zeit sich erübrigen lassen. Thatsächlich scheint es mir auch hinreichend, wenn unsre Quartaner und Tertianer die 9 Gedichte ihres Elementarbuches sich zu eigen machen, in der 2. Klasse vielleicht noch 2 neue ihrem Gedächtnis einprägen und in den ersten drei bis vier Wochen des letzten Jahreskursus ein gröfseres Erzeugnis moderner Epik kennen lernen, etwa François Coppée's ergreifende Kriegsepisode (aus 1870/71): La Veillée, oder dessen Grève des Forgerons, ein Werk, dessen sociale Tragik auf unsre sechzehnjährigen Primaner eine ebenso eindringliche als erziehliche Wirkung nicht verfehlte.

Darüber, wie sich im einzelnen die Lektürebehandlung in Zukunft zu gestalten hätte, geben die neuen Lehrpläne keine genaueren Anweisungen, lassen also in diesem Punkte dem neusprachlichen Lehrer eine gewisse Freiheit. Es heifst nur in Bezug auf das Realgymnasium (S. 31): „Die Lektüre soll, im Mittelpunkte des Unterrichts stehend, **ausgedehnter** und **eindringlicher** behandelt werden, so dafs eine reichere Anschauung von der Entwickelung und der Eigenart der französischen Litteratur gewonnen wird." Welches zu erstrebende Ziel an Stelle der letzteren Forderung den Realschulen gesetzt ist, ward oben schon angegeben; hier möchte ich nur darauf hinweisen, wie in der herangezogenen Verfügung die vielumstrittene Frage kursorischer oder statarischer Lektüre noch nicht unbedingt zu Gunsten der einen oder der anderen entschieden ist. Wer sich bestrebt, reichere Anschauung, sei es von der französischen Litteratur, sei es vom französischen Kulturleben zu vermitteln, wird mit wenigen Abschnitten dieses oder jenes Werkes sich nicht begnügen dürfen, und wer andrerseits die Lektüre für die praktischen wie für die idealen Ziele des Unterrichts nutzbringend ausbeuten will, sieht sich der Unmöglichkeit gegenüber, eine etwa hundertseitige Schrift in einem Sommersemester mit seinen Schülern völlig durchzuarbeiten. Ein galoppierendes Tempo in den Lektürestunden zur Regel werden zu lassen, ist unter allen Umständen zu verwerfen. Soll sich der Schüler in kurzer Frist nur eben mit dem Inhalte eines Werkes vertraut machen, so weise man es der Privatlektüre zu; es im Klassenunterrichte, durchzupeitschen, scheint mir der Würde und Bedeutung des letzteren wenig entsprechend. Ulbrich möchte die statarische Lektüre für die ganze Schulzeit als Norm betrachtet wissen, giebt aber zu, dafs in den oberen Klassen gelegentlich die kursorische Lektüre wohl eintreten dürfte, freilich nur um über irgend einen unwichtigen Abschnitt hinwegzueilen und Zeit für die bedeutsameren und wertvolleren zu gewinnen, oder um bei einem Werke, das für gleichmäfsig langsame Durcharbeitung zu umfangreich ist, auch über diejenigen Teile, die man einer gründlichen Interpretierung nicht unterwerfen kann, wenigstens einen Überblick zu gewähren. Mir scheinen kursorisch und statarisch recht dehnbare Begriffe, und ich kann mir recht wohl vorstellen, dafs der eine einen Lektürebetrieb für statarisch hält, der dem andern eher kursorisch erscheint und umgekehrt. Sicher ist, dafs man mit dem einstmals (besonders im Lateinunterricht) so beliebten Verfahren, wochenlang bei wenigen Kapiteln eines Autors hängen zu bleiben und sie aufs gründlichste grammatisch zu zerpflücken, im neusprachlichen Unterricht endgültig gebrochen hat, dafs aber andrerseits auch wieder die durch die neuen Verfügungen der Lektüre gestellten Aufgaben mehr als ein blofses „Lesen- und Übersetzenlassen" bedingen. Die Lektürebehandlung auf den oberen Klassen (und nur diese bleibt uns noch näher zu beleuchten übrig) strebt im grofsen und ganzen zwar ähnlichen Zielen zu wie auf den früheren Stufen des Unterrichts, doch ist der Aufwand an Zeit und Energie zur Erreichung jedes dieser Ziele nicht mehr der gleiche. An Übung in wohlartikuliertem, geläufigem und sinngemäfsem Lesen französischer Perioden hat es dem Schüler schon beim Lesestoff seines Elementarbuches nicht gefehlt, so dafs von einer zeitraubenden Einübung des französischen Textes um der Aussprache und des Vortrags willen nicht mehr in dem Mafse die Rede zu sein braucht. Auch die Zeit, die vordem der formalen Erklärung beziehungsweise der Gewinnung grammatischen Wissens zu widmen war, wird jetzt zum Teil für Anderes verfügbar werden. Wo die Einrichtung besonderer Grammatikstunden durchgeführt ist, und wo in ihnen aus früherem Anschauungsmaterial und mit Benutzung eigens dazu hergestellter Texte die Regeln gewonnen werden, braucht — wie schon oben dargelegt — bei der Lektürebehandlung in höheren Klassen auf die grammatische Seite nur noch insoweit Bedacht genommen zu werden, dafs gelegentlich auf eine syntaktisch wichtige Stelle hingewiesen, diese angestrichen und evtl. memoriert wird, ohne dafs darum die Textbetrachtung zu einer Jagd nach Beispielen auszuarten braucht. Dafs der Lesestoff auch hier des Schülers grammatisches Können fördere, dazu reichen meines Erachtens die Retroversionen zu Beginn der Lektürestunde oder besser noch die Gesprächsübungen aus, die den Inhalt des in der vorigen Stunde Dagewesenen wieder auffrischen und zugleich dem Lehrer Gelegenheit bieten, die erforderliche Vokabelkenntnis zu konstatieren. Hier hat nun bezüglich der (französischen) Inhaltsbesprechung bei weitem mehr zu geschehen, als etwa in Quarta, wo es sich wesentlich um kurze Anekdoten handelte. Der französische Lehrer in Prima wird beispielsweise bei solchen Conversationen über den Inhalt auch wohl einmal einen Exkurs auf ein verwandtes Stoffgebiet, eine in französischem Vortrag gegebene kulturgeschichtliche Beleuchtung, eine Mitteilung eigener Beobachtungen u. dergl. einflechten, aus denen sich weitere Gesprächsübungen ergeben mögen. Es folgt sodann die Nachübersetzung, wobei ich erhebliche Abweichungen von der in der letzten Stunde endgültig festgestellten Textwiedergabe nicht mehr für zulässig erachte. Erst hiernach kommt das französische Lesen, damit es durchaus sinngemäfs und mit der erwünschten Vortragsgewandtheit ausfalle. Ein Lesen vor dem Übersetzen ist zu allermeist flüchtig, mechanisch, gedankenlos und schadet der korrekten Verdeutschung oft mehr, statt sie zu erleichtern. Nun öffnen die Schüler ihre Vokabelhefte, und es beginnt die Vorübersetzung, für die der Lehrer bei schwierigeren Stellen oder komplizierteren Konstruktionen dadurch eine kleine Hülfe bieten kann, dafs er selbst zunächst solche Perioden sinngemäfs vorliest. Die übergrofse Ungeschicklichkeit mancher Schüler beim Vorübersetzen geht meistenteils auf eine verkehrte Art von Präparation zurück, wonach die anscheinend noch unbekannten Wörter des Textes im Vokabelheft untereinander geschrieben und, ohne dafs der Schüler weiter auf den Zusammenhang rekurriert, der Reihe nach im Lexikon aufgeschlagen werden. Gegen dieses geist- und ergebnislose Verfahren ist von Anfang an nachdrücklichst anzukämpfen. Schon bei den letzten Stücken des Elementarkursus, deren Präparation ja durch das Lehrbuch selbst noch geboten wird, konnte der Schüler angeleitet werden, **übersetzend zu präparieren**, d. h. wegen der ihm fremden Ausdrücke erst dann nachzuschlagen, wenn seine Übersetzung auf diese Hindernisse stöfst, — sie erst dann ins Vokabelheft **einzutragen**, wenn er erprobt hat, dafs die von ihm gefundene Bedeutung nun auch thatsächlich die an dieser Stelle passendste ist. Von wirklich selbständiger Präparationsarbeit kann erst nach Absolvierung des Elementarlesebuches die Rede sein; jedenfalls mufs auch dann erst wieder eine praktische Anleitung zur Präparation durch den Lehrer in der Klasse selbst voraufgehen. Zwei bis drei Unterrichtsstunden sind erforderlich, den oben charakterisierten richtigen Präparationsmodus den Schülern halbwegs geläufig und sie mit der Handhabung ihres Lexikons vertraut zu machen. Bei den ersten Präparationsaufgaben halte man sich streng an das Prinzip, nur einen kurzen Abschnitt, aber diesen gründlich vorbereiten zu lassen. Und dann sei man nicht zu genügsam bei der Vorübersetzung, damit sich im Schüler nicht die Meinung festsetze, er habe mit der Eintragung seiner Präparation ins Heft genug gethan. Er mufs zeigen, dafs er sich um eine befriedigende Übersetzung schon zu Hause ernstlich bemüht hat, und das Geständnis, diese oder jene Stelle „nicht herausgebracht" zu haben, mufs wirklich für ihn etwas Beschämendes sein. Andrerseits vergesse man aber auch nicht, dafs es bei der Vorübersetzung als solcher doch in erster Linie auf genaue Wiedergabe in annehmbarem Deutsch ankommt. Für den verständlichen Ausdruck den besseren, für den besseren den besten zu finden, dazu trage die ganze Klasse bei, und auf dieses „Feilen" dürfte wohl in den ersten Wochen des ausgedehnteren Lektürebetriebes die meiste Zeit und gröfste Sorgfalt zu verwenden sein. Aus den Verhandlungen der Schulkonferenz ging der Beschlufs hervor (p. 795, III, 8): „Vor allem ist die Vervollkommnung des deutschen Ausdrucks in allen Lehrstunden und insbesondere bei den Übersetzungen aus den fremden Sprachen zu erstreben." Es ist dies im Lateinischen und Französischen von um so gröfserer Wichtigkeit, als hier erfahrungsgemäfs das fremde Idiom den deutschen Stil häufig verhängnisvoll zu beeinflussen pflegt. Der erklärlichen Neigung der übersetzenden Schüler, fremdsprachliche Ausdrucksformen und Konstruktionen in die Muttersprache hinüberzunehmen, ist von Haus aus entgegenzutreten, und ich kann in diesem Punkte Ulbrichs Ansicht nicht beipflichten, der selbst auf Tertia das vollkommene Verständnis des Inhalts und jedes einzelnen Wortes als ausreichend, den beim Übersetzen zustande gebrachten deutschen Stil noch als Nebensache betrachtet. Ich meine, es mufs schon im ersten Jahre französischen Unterrichts der Schüler angehalten werden, sein Lesestück zwar zunächst korrekt und bis ins Einzelne genau, daran anschliefsend nun aber auch mit einem gewissen Grad stilistischer Gewandtheit zu übertragen. Von unten auf, betont Münch[1]) mit Recht, wird jede Übersetzungsstunde auch ein Unterweisen in der Stilistik sein. Wird so schon frühzeitig auf das Charakteristische und Unterscheidende der französischen und der eigenen Ausdrucksweise an prägnanten Beispielen in der Lektüre aufmerksam gemacht, dann arbeitet man damit ebensowohl dem künftigen fremdsprachlichen Aufsatze einigermafsen vor, wie man auch dem deutschen Unterrichte auf gleicher Klassenstufe nützt. Aus dem wertvollen und trefflich gesichteten Material, das Ulbrich im vierten Teile seiner Schulgrammatik zusammenstellt, dürfte diese oder jene stilistische Belehrung gewifs schon für den Realschulquartaner verdaulich sein. Läfst man es dem noch durchgehen, dafs er Partizipialkonstruktionen analog ins Deutsche überträgt oder zu dem beliebten „indem" seine Zuflucht nimmt, dafs er das Conditionnel

---

[1]) Münch, Die Kunst des Übersetzens aus dem Französischen. (Zeitschrift für neufranzösische Sprache und Litteratur, IX, 59—91.)

antérieur in der sattsam bekannten undeutschen Weise wiedergiebt, dafs er bei un habitant de Berlin, avec bonté, plein de feu, il mit pour condition, d'un air content, ce qui est bon, il alla se plaindre à son père, commencer par, il continua d'écrire, évitant de combattre u. s. w. u. s. w. bei wörtlicher Übersetzung stehen bleibt, dafs er bei prêt à mourir, on lui défendit d'entrer, forcé de se rendre u. dergl. nicht den substantivischen Ausdruck bringt, — ja, dann verbleibt freilich dem Lektüreunterricht oberer Klassen eine solche Fülle sprachlicher Reinigungsarbeit, dafs auf wesentliche und nachhaltige Erfolge zu Gunsten des idiomatischen deutschen Ausdrucks dann kaum mehr zu rechnen ist. Wenn selbst dann noch bei dem französischen Determinativpronomen das undeutsche derjenige, diejenige etc. sich aufdrängt und die Relativa „welcher, welche, welches" immer wieder in die Übersetzung hineinspuken, so mufs das doch wohl dem Umstande zugeschrieben werden, dafs man dem Überhandnehmen derartiger Ausdrucksweisen nicht früh genug gesteuert hat. Vous, votre, vos durch „ihr, euer, eure" wiedergeben zu lassen, mag s. Z. aus noch so wohl überlegter Absicht des Lehrers heraus geschehen sein, — ein gewisser Vorwurf trifft ihn immerhin, wenn bis in die obersten Klassen hinauf diese Übersetzung notorisch geläufiger bleibt als mit Hülfe der in unserem Umgangs- und Schriftdeutsch üblichen Anredeformen. Werden die elementaren Übersetzungsunarten da beseitigt, wo es zu ihrer Ausrottung noch Zeit ist, dann kann auf den oberen Klassen mit mehr Gründlichkeit dahin gestrebt werden, bei der Lektüreübertragung nicht nur gutes Deutsch, sondern echtes zu erzielen, bis schliefslich der Schüler Gewandtheit und Mut genug zeigt, hier statt eines schleppenden Nebensatzes einen einzigen Ausdruck, dort statt einer im Deutschen unübersichtlichen Periode ein paar Hauptsätze zu bringen, durch Vermeiden zu häufiger verbaler Ausdrucksweise und durch Bevorzugung der substantivischen seinem Stil die nationale Färbung zu sichern und dabei doch im wesentlichen den Ton festzuhalten, der für die vorliegende Erzählung, Beschreibung oder Scene charakteristisch. Ist nun schliefslich eine stilistisch einwandfreie Übersetzung zustande gebracht, so wird zu näherer Textinterpretation geschritten, die sich aber nun nicht mehr mit den so beliebten und oft störenden Hinweisen auf die Grammatik begnügen darf, sondern das planmäfsig fortsetzen mufs, wozu durch die frühere Behandlungsweise des Lektürestoffes der Grund gelegt worden: der Text des Gelesenen stellt ja doch das Anschauungsmaterial dar, woraus der Schüler seine Muster für den eigenen (mündlichen wie schriftlichen) französischen Gedankenausdruck entnimmt. Auf die stilistischen Feinheiten und charakteristischen Satzformen und Phrasen ist aufmerksam zu machen, Verwandtes gelegentlich zu sammeln, und das so Gewonnene bei den sich anschliefsenden Gesprächsübungen sogleich praktisch zu verwerten, auch wohl in der nächsten schriftlichen Arbeit passend einzuflechten. So kann in der That jede Klassenstufe zu einer Propädeutik des freien französischen Vortrages und Aufsatzes das ihrige beitragen. Erst nach solcher Lektürebehandlung dürfte sich ein geläufiges und vor allem sinngemäfses Lesen erwarten lassen, unter Beobachtung der schon auf der Unterstufe gegebenen und nötigenfalls nun zu ergänzenden Anweisungen über französische Satzbetonung und Vortragsweise. Das Vorlesen geeigneter Abschnitte durch den Lehrer wird die Schüler schliefslich auch zur Wahrnehmung und vielleicht Nachahmung des gerade im Französischen so kunstreich verwerteten rhetorischen Nebenaccentes führen, damit am Ende aus dem sinngemäfsen nun auch ein ausdrucksvolles Lesen werde. Dem häuslichen Fleifs fällt dann neben dem Weiterpräparieren die Aufgabe der Übersetzungswiederholung, aber auch die einer weiteren Übung im Lautlesen zu, und es ist, wie schon oben erwähnt, die nächstfolgende Lektürestunde statt mit trostlosem Vokabelnabfragen mit eingehender französischer Konversation über das Gelesene zu beginnen. Keine Stunde soll (nach den neuen Verordnungen) ohne solche Gesprächsübungen im fremden Idiom vergehen, keine aber auch ohne entsprechendes Weiterschreiten im Texte, damit das dem Semester zugewiesene Lektürepensum womöglich bei gleichmäfsiger Behandlung der einzelnen Teile auch thatsächlich absolviert werde. Auf gelegentliches Extemporieren möchte ich noch mit einem empfehlenden Worte hinweisen, nicht sowohl mit Rücksicht auf die spätere Examensforderung, als darum, dafs der Schüler nun auch auf diesem Gebiete gelegentlich zum Bewufstsein thatsächlichen Könnens gebracht werde und die Scheu und das Zagen ablegt, womit er sonst an einen nicht vorher präparierten Text herangetreten.

Während in Bezug auf die Lektürebehandlung die Erläuterungen und Ausführungsbestimmungen zu den neuen Lehrplänen näherer Anweisungen sich enthalten, gehen sie auf die Beziehungen der fremdsprachlichen Lektüre zum deutschen Unterrichte wiederholt und recht ausführlich ein. Methodische Verknüpfung der verschiedenen Disziplinen wird nachdrücklichst gefordert, und in den vorgedruckten

Lehrplänen der Oberrealschulen und Realschulen ist durch Klammern deutlich gemacht, dafs wenigstens für Sexta bis einschliefslich Quarta Französisch und Deutsch „thunlichst in einer Hand zu vereinigen sind". Es soll dies erstlich aus dem mehr äufserlichen Grunde geschehen, dafs bei solcher Combination der betreffende Lehrer leichter eine gleichmäfsige Arbeitsverteilung durchführen kann, ja es wird auf Seite 65 die methodische Verknüpfung verwandter Lehrfächer untereinander geradezu als wirksames Mittel zur Verminderung der Hausarbeit bezeichnet. Der zweite Grund aber ist der, durch solche Verbindung der beiden wichtigen Lehrfächer dem französischen Unterrichte und dem in der Muttersprache gleichmäfsig zu nützen. Unverkennbar tritt in den neuen Lehrplänen die Tendenz hervor, dem in den Mittelpunkt des gesamten Lehrbetriebes gerückten deutschen Unterrichte erhöhte Bedeutung und besonderen Nachdruck zu geben. Es zeigt sich dies nicht sowohl durch erhebliche Vermehrung der dem Deutschen zufallenden Lehrstunden, als vielmehr durch die entschiedene Forderung, dafs in jedem Fache Vervollkommnung des deutschen Ausdrucks zu erstreben sei, und dafs von überall her dem deutschen Vortrag und Aufsatz die Stoffe zugeführt werden sollen. Wenn bislang darüber vielseitig geklagt worden, dafs der Betrieb der Fremdsprachen die Gewandtheit im idiomatischen deutschen Ausdruck übel beeinflufst habe, so möchte ich dies zum Teil darauf zurückführen, dafs gemeiniglich zwischen den hier in Betracht kommenden Disziplinen eine Scheidewand gezogen worden, die es nunmehr unser Bestreben sein mufs niederzureifsen. Schon auf Sexta ist innige Fühlung zwischen dem Französischen und dem Deutschen sehr wohl möglich, und wenn hier und in Quinta die mit dem Deutschen verbundenen „Geschichtserzählungen" besonders passenden Stoff zum mündlichen bzw. schriftlichen Nacherzählen liefern sollen, so sehe ich nicht ein, warum nicht auch die teils unterhaltenden, teils lehrreichen französischen Lesestücke des Elementarbuches dem gleichen Zwecke dienen sollten. Selbst bessere Schüler werden sich ja dabei freilich zunächst recht eng an den gegebenen Text anschliefsen, und ihre „Erzählung" in der deutschen Stunde wird fürs erste vielleicht nur auf eine mäfsige Übersetzung des gelernten französischen Stückes hinauslaufen. Aber warum sollte man denn auf dieser niederen Unterrichtsstufe vor stilistischen Belehrungen zurückschrecken? Der französische Lehrer freilich hat hier zunächst noch nicht Zeit noch Beruf, eingehend darüber zu handeln, der Lehrer des Deutschen aber kann sehr wohl hier ergänzend eingreifen und — ohne auf Theorie des Stils sich einzulassen — doch den Sextanern und Quintanern eine Ahnung davon beibringen, wie anders der Franzose und der Deutsche dieselbe kleine Geschichte wiederzugeben pflegen. Es kommt ihm hierbei der glückliche Umstand zu statten, daſs eine groſse Zahl der französischen Memorierstoffe Fabeln sind, die sich in Prosa oder in poetischer Form auch im deutschen Lesebuche wiederfinden. Auf einer weiteren Stufe des Unterrichts wird dann wohl auch der Schüler selbst einmal solche verschiedenartigen Bearbeitungen desselben Stoffes vergleichen können oder selbständig ein gelerntes französisches Gedicht als Erzählung in deutscher Prosa wiedergeben. Gerade eine solche letztere Arbeit halte ich für viel erspriefslicher als beispielsweise die so beliebten Inhaltsangaben deutscher Balladen etc., die doch zu weiter nichts führen, als daſs der Schüler an die Stelle der schönen formgewandten Dichtersprache die eigene, zum mindesten doch recht fragwürdige Prosa setzt. Handelt es sich um eine fremdsprachliche Vorlage, so kann von Vergewaltigung des Textes keine Rede mehr sein, auch ist dann die Aufgabe insofern wesentlich erleichtert, als der Schüler dem französischen Original denn doch freier gegenübersteht als einem deutschen Gedicht. Derartige Aufgaben bei den ersten Aufsatzversuchen zu stellen, halte ich für durchaus angemessen; stoffliche Schwierigkeiten liegen hier nicht vor, da der Aufsatzinhalt völlig gegeben, und das Ringen mit dem deutschen Ausdruck — nun, das ist's ja eben, worin Quartaner und Tertianer besonders ihre Kräfte üben sollen. Die neuen Lehrpläne fügen dem deutschen Pensum jeder Klasse eine auf solches Hinübergreifen ins Gebiet des französischen Unterrichts bezügliche Weisung bei. Neben den häuslichen Aufsätzen (von IV bis II B) sollen kürzere Ausarbeitungen in der Klasse über durchgenommene Abschnitte aus den Fremdsprachen verlangt werden (S. 66), in III B werden Übersetzungen aus der fremdsprachlichen Lektüre auch als häusliche Ausarbeitungen empfohlen (S. 14), und noch in II B figurieren dieselben (S. 15), ein Zeichen, daſs derartige Aufgaben durchaus nicht als zu leicht befunden wurden. Daſs bezüglich der Schwierigkeit des zu übertragenden Textes wie hinsichtlich der stilistischen Gewandtheit einer immer freieren deutschen Wiedergabe die Anforderungen inzwischen gesteigert, versteht sich natürlich von selbst. Der deutsche Aufsatz der obersten Klassen endlich, der nach den Lehrplänen und Lehraufgaben (S. 66) noch mehr als bisher in den Mittelpunkt des gesamten Unterrichts zu treten und aus allen Gebieten desselben seinen Stoff zu entnehmen hat, bezweckt hier vorzugsweise Erziehung zu selbständiger Arbeit und würde demnach, wo er beispielsweise an französische Lektüre sich anlehnt, mehr bieten müssen als etwa eine blofse Übertragung. Auf dieser Stufe dürften schon in jeder französischen Lektürestunde in Bezug auf wohl stilisierte Übersetzung in bestem idiomatischen Deutsch die Anforderungen um nichts hinter denen zurückstehen, die der deutsche Lehrer an die Diktion im Aufsatze stellt. Die vom Primaner für die deutsche Stunde zu liefernde Bearbeitung müfste somit zum mindesten ein noch nicht absolviertes Kapitel fremdsprachlicher Lektüre betreffen, oder es müfste etwa ein Resumé über ein gröfseres Quantum von Gelesenem gefordert werden, eine Inhaltsangabe und Besprechung von Akten und Scenen, die Charakteristik eines Helden, von dessen Schicksalen eine französische Darstellung vorgelegen, eine Parallele zwischen Gestalten aus fremdsprachlichen und deutschen Litteraturwerken u. dergl. Was ich schon bei einer früheren Gelegenheit über den bei allen Übersetzungen und Bearbeitungen zu erstrebenden idiomatischen Ausdruck in der Muttersprache gesagt, mufs seitens des deutschen Lehrers naturgemäfs mit noch gröfserem Nachdruck als oberstes Gesetz für alle derartigen Arbeiten geltend gemacht werden. So lange ich selbst ausschliefslich fremdsprachlichen Unterricht erteilt habe, wähnte ich, es möchte vielleicht die Forderung des Deutschlehrers betreffs schriftlicher Wiedergabe eines bereits durchgenommenen französischen Stückes kaum mehr eine den Kräften und Fähigkeiten des Realschulsekundaners angemessene Aufgabe sein; erst als Lehrer des Deutschen in der obersten Klasse einer Berliner Realschule habe ich so recht deutlich zu beobachten Gelegenheit gehabt, wie sehr die Schüler unter dem Banne des fremden Idioms stehen, und welche Fülle von Korrekturen selbst bei solchen erforderlich war, die mir sonst regelmäfsig gute deutsche Aufsätze abgeliefert. Da ist denn der Hinweis in den neuen Verordnungen (S. 17) besonders zu beachten, dafs zunächst bei Übersetzungsarbeiten für die deutschen Lehrstunden hauptsächlich auf Einfachheit der Darstellung, insbesondere des Satzbaues, zu halten und dem Eindringen fremdartiger Periodenbildung in die deutsche Darstellung entschieden zu wehren ist. Leicht wird der Schüler durch die französische Vorlage dazu verführt, Fremdwörter in seine Übertragung einfliefsen zu lassen, worunter gewifs eine ganze Anzahl solcher, die durch gute deutsche Ausdrücke sich wiedergeben liefsen. Gegen die natürliche Lässigkeit der Schüler, nach derartigen Ausdrücken zu suchen, die den vollen Begriffsinhalt und -umfang der aus dem Französischen entlehnten decken, ist nun meines Erachtens auch schon im fremdsprachlichen Unterrichte anzukämpfen. Spezielle Aufgabe des deutschen Lehrers aber bleibt es, bei Übungen wie den hier in Rede stehenden dem Schüler eine Vorstellung vom deutschen Sprachgeiste beizubringen, ihm gelegentlich an drastischen Beispielen zu zeigen, wie diese oder jene Verdeutschung zwar eine richtige, doch keine dem Geiste unserer Muttersprache völlig angemessene ist. Er braucht nicht zu befürchten, hierbei vor seinen Zöglingen etwa gar einmal als Verbesserer des französischen Lehrers zu erscheinen, der diese Übersetzung s. Z. vielleicht zugelassen hat: In beiden Fächern wird dem Schüler zum Bewufstsein zu bringen sein, dafs über der genauen Übersetzung in verständlichem Deutsch die in gutem Deutsch, über jener aber die freie Wiedergabe in „echtem" Deutsch steht, und jener letztere Schritt — meine ich — braucht in den unteren und mittleren Klassen seitens des französischen Lehrers nur gelegentlich zu geschehen, dann aber am besten so, dafs er selbst eine deutsche Bearbeitung vorliest und das Unterscheidende und Charakteristische hervorhebt. Bei französischen Versen, einer Lafontaineschen Fabel u. dergl., sollte er es sich nicht versagen, schliefslich auch eine freie poetische Übertragung zu bieten; von den in den landläufigen Elementarlesebüchern aufgenommenen französischen Gedichten liefern dankenswerte deutsche Sammlungen das gewünschte Material: Ernst Dohm (Berlin, Moeser), Adolf Laun (Kühtmann-Bremen und Henninger-Heilbronn), J. Wege (Leipzig, Reclam), L. G. Förster (Florians sämtl. Werke), E. Geibel und H. Leuthold (Stuttgart, Cotta), Ludwig Seeger (Stuttgart, Franckh und Rieger), L. G. Silbergleit (Berlin, Hofmann), F. Hummel (Gotha, Schloefsmann). Soll nun durch die häuslichen oder Klassenübersetzungen aus dem Französischen der Übung im schriftlichen deutschen Ausdruck eine besondere Unterstützung gesichert werden, so geschieht dies bezüglich des mündlichen Ausdrucks durch geordnete Übungen im freien Vortrag (L. u. L. S. 71), und auch hier kann der französische Lesestoff häufig genug eine geeignete Quelle sein. Mit dem Wiedererzählen einer im französischen Elementarbuch durchgeübten Anekdote durch den Sextaner beginnend, wachsen diese Übungen allmählich (in II und I) bis zu häuslich vorbereiteten Vorträgen über Gelesenes, und da ja doch wohl der deutsche Lehrer die Wahl der Themata hierzu bestimmt, wie auch die Quellen bezeichnet, aus denen der Stoff zu gewinnen ist, so liefsen sich leicht auch auf diesem die Schüler so ungemein interessierenden Gebiete der freien Vorträge Beziehungen nicht nur zur fremdsprachlichen Klassenlektüre, sondern auch zur Privatlektüre, zur allgemeinen sowohl wie zu der fakultativen eines einzelnen Schülers, herstellen.

Es ist hier ein kurzes Eingehen auf die **Privatlektüre** am Platze, die in den neuen Lehrplänen gleichfalls Berücksichtigung gefunden hat und — wie ich gleich vorweg betonen möchte — unzweideutig empfohlen ist. Bisher war es durchaus in das Belieben des Direktors oder der einzelnen Lehrer gestellt, ob überhaupt neben deutscher Privatlektüre noch fremdsprachliche in Betracht kam, ob jene letztere obligatorisch oder fakultativ war, ob sie thatsächlich fortlaufend kontrolliert oder ob nur gelegentlich dringend dazu ermahnt wurde. Ulbrich schlofs sich in seiner 1884er Programmschrift in Übereinstimmung mit Münch denjenigen an, die in dieser Hinsicht keinerlei Anforderungen an den Privatfleifs der Schüler stellten, sondern sich darauf beschränkten, einige für das Privatstudium geeignete Werke namhaft zu machen, damit diejenigen, welche sich etwa zu solcher Arbeit entschlossen, in der Wahl des Stoffes nicht fehlgriffen. Wenn ich auch mit den beiden Vorgenannten in dem Wunsche übereinstimme, dafs die auf Privatlektüre zu verwendenden Mufsestunden zum gröfsten Teile der deutschen Litteratur zu gute kommen möchten, so sehe ich doch nicht ein, warum wir dem anerkanntermafsen **regen** Wunsche der Schüler, unterhaltende fremdsprachliche Privatlektüre zu treiben, nicht Rechnung tragen sollten. In dem Lebensalter, wo die Lesewut der Schüler sie in Ermanglung von besserer Darreichung auf geringwertige, ja sogar verderblich wirkende Litteratur verfallen läfst, wird man mit reichlicher Empfehlung interessanten und dabei doch wertvollen Lektürestoffes kaum des Guten zu viel thun. Mit Schriften ausschliefslich belehrender Tendenz oder mit der schweren Kost erhabener Litteraturwerke dürfte man da wohl wenig Glück haben; und **deutsche** Erzählungen, Reiseabenteuer u. dergl. lassen sich doch in höheren Klassen als angemessene Privatlektüre nicht mehr empfehlen. Warum sollten da nicht französische Jugendschriften unterhaltender Tendenz der nach solchen Anregungen verlangenden Phantasie geboten werden dürfen? Es wird keinem deutschen Lehrer einfallen, etwa auf Gerstäcker als passenden Autor für des Schülers Mufsestunden hinzuweisen, der französische Lehrer aber wird Gabriel Ferry's so überaus spannende Tropenbilder, seinen Coureur des bois, seine Scènes de la vie sauvage au Mexique u. dergl. unbedenklich in die Hände des Schülers legen; weiſs er auch, daſs jenem der fesselnde Inhalt weit mehr am Herzen liegt als die sprachliche Seite, so läſst sich doch mit Bestimmtheit annehmen, daſs auch ein schätzbarer Gewinn für sein Französisch dabei abfallen muſs. Unsere westlichen Nachbarn verfügen zur Zeit über eine so reiche Fülle unterhaltender und belehrender Jugendlitteratur, daſs wohl einmal ein paar Dutzend Bände der „Bibliothèque rose illustrée pour les enfants et pour les adolescents" oder der „Bibliothèque populaire: classes d'adultes" oder der „Petite bibliothèque illustrée" oder der „Collection de récits instructifs (illustrée de très nombreuses gravures)" (alle in Paris bei Hachette erschienen) unseren Schülerbibliotheken zugeführt werden könnten. In Bezug auf die klassische Litteratur der Franzosen brauchen solche doch in erster Linie der fakultativen Privatlektüre offen stehenden Bibliotheken gar nicht einmal so überaus reich assortiert zu sein; denn darüber geben wir uns ja wohl keiner Täuschung hin, daſs der Schüler zu einem Bande Corneille, Bossuet oder Fénelon greifen könnte, auſser wenn ihn ein Aufsatzthema oder eine obligatorisch gemachte Privatlektüre dazu zwingt. Was nun speziell diese letztere betrifft, die vordem an den höheren Lehranstalten im allgemeinen wohl nicht die Regel gewesen, so bedeutet sie ohne Zweifel eine gewisse Vermehrung der Hausarbeit, gegen die sich die neuen Lehrpläne an andrer Stelle (S. 64) deutlich genug ausgesprochen haben. Aber da, wie wir oben gesehen, die Forderungen an den häuslichen Fleiſs der Schüler in andrer Beziehung erheblich eingeschränkt worden, so läſst sich gegen diese doch nicht eben anstrengende Hausarbeit kaum etwas einwenden, zumal eine der Grundvoraussetzungen für dieselbe, daſs sie nämlich der Erziehung zur selbständigen geistigen Thätigkeit diene, von der verständig gewählten Privatlektüre doch ganz gewiſs erfüllt wird. Wenn nun dem Schüler nach seiner Eigenart eine gewisse Freiheit der Wahl gestattet werden soll, damit das rechte Interesse für die Sache geweckt werde, so führt diese Bestimmung zu der Schwierigkeit, eine Privatlektüre in der Klasse kontrollieren zu müssen, die nach dem keineswegs übereinstimmenden Geschmack der Schüler wahrscheinlich höchst mannigfaltig zusammengesetzt sein dürfte. Ich halte es nicht für opportun, bei den Anweisungen bezüglich der geforderten Privatlektüre sich von der Art und Stilgattung des Litteraturwerkes, das zur Zeit in der Klasse traktiert wird, zu weit zu entfernen. Natürlich muſs sie einfacher und leichter sein als jener Text, damit dem Schüler, der daheim der Führung und Hülfe des

Lehrers entraten mufs, die Freude an der Arbeit nicht verloren gehe. Als geeignete Zeit zu solcher obligatorischen Privatlektüre erscheint weder das erste Semester, worin mit zusammenhängender Lektüre begonnen und die Schüler zu verständiger Präparation überhaupt erst angeleitet worden, noch auch das letzte, welches den Abiturienten anderweitig zu sehr in Anspruch nimmt. Fordert man aber nun einmal Privatlektüre, dann kontrolliere man sie auch und lasse sie thatsächlich als das erscheinen, was sie nach den neuen Bestimmungen sein soll: eine notwendige Ergänzung der Schularbeit. Strebt die letztere auf Gymnasien und Realgymnasien z. B. dem Ziele zu, eine möglichst ausgebreitete Kenntnis der französischen Litteratur in den letzten Jahrhunderten zu vermitteln, so würde hier die Privatlektüre die Schularbeit insofern zu ergänzen haben, dafs die Bekanntschaft mit diesem oder jenem Klassiker aus mehr als blofs einem Werke desselben gewonnen werde. Und sollen die Oberreal- und Realschulen in erster Linie auf Gewandtheit im freien französischen Ausdruck hinarbeiten, so wird die Kontrolle der Privatlektüre auch diesem Zwecke bestens dienen können, wenn in regelmäfsigen, nicht zu langen Zwischenräumen gewisse Stunden ausschliefslich der Konversation über Stücke aus der Privatlektüre gewidmet werden. Es würde am nächsten liegen und in mancher Hinsicht als das bequemste erscheinen, zusammenhängende mündliche Inhaltsangaben zu verlangen. Solche werden in den neuen Lehrplänen zwar nicht geradezu untersagt, aber mit Recht als wenig geeignet bezeichnet, um Freude am Sprechen und Übung im praktischen Gebrauch der Sprache zu fördern. Was kommt auch anderes dabei heraus, als dafs der Schüler zu Hause ein französisches Excerpt sich anfertigt, memoriert und dann in der Klasse vorträgt. Seine Mitschüler haben geringen oder gar keinen Gewinn davon. In lebhaftem Wechselgespräch zwischen dem Lehrer und den verschiedensten Schülern ist der Inhalt abzufragen, und ich erachte solche Konversationsübungen über einen nicht in der Klasse traktierten Lesestoff für ganz besonders erspriefslich und den freien Ausdruck fördernd, wo doch gerade hierbei der Schüler lange nicht mehr in dem Mafse unter dem Banne des Wortlautes seines Textes steht. Von dieser Art von Sprechübungen zu der freien Konversation über Vorkommnisse des täglichen Lebens, die doch nach behördlicher Vorschrift gleichfalls den Stoff dazu abgeben sollen, ist meines Erachtens nun nur noch ein kleiner Schritt, und ich halte es weder für unmöglich noch für unangebracht, dafs im letzten Semester der Lehrer des Französischen im täglichen Verkehr mit seinen Schülern überhaupt des fremden Idioms sich bedient, ja dafs er ihnen, wo es angeht, sogar einmal Gelegenheit bietet, Franzosen selbst reden zu hören.

Wenn durch die neuen Verfügungen die neusprachlichen Lehrer nun angewiesen sind, unter Benutzung der zu Gebote stehenden Mittel sich zur reichlichen Anwendung der zu lehrenden Sprache weiterhin zu befähigen, so stehen in dieser Beziehung natürlich die gelegentlichen Reisen ins Ausland obenan. Da aber die verfügbaren Stipendien, sowie die persönlichen Verhältnisse des Einzelnen doch immerhin nur für eine geringe Anzahl die Möglichkeit hierzu bieten, so mufs es unser Bestreben sein, am Orte selbst in häufigem Verkehr mit Nationalfranzosen zu bleiben. Es ist das Verdienst von Kabisch, in einem Vortrage vom 9. November 1887 (in der Berliner Gymnasiallehrergesellschaft) den Plan entwickelt und für Berlin nun auch thatsächlich zur Ausführung gebracht zu haben, wonach

„die Lehrer des Französischen in einer gröfseren Stadt sich zusammenthun und einen wissenschaftlich gebildeten Mann französischer Nationalität engagieren, der ihnen Stücke der französischen Litteratur, die sie selbst mit besonderer Berücksichtigung des Unterrichtsbedürfnisses ausgewählt haben, vorliest und Fragen über seine Aussprache oder über französische Aussprache überhaupt in wissenschaftlicher Weise beantwortet."

Unter Assistenz des Verfassers vorliegender Abhandlung ist nun dieses Unternehmen auch auf englische Vorlesungen ausgedehnt worden; und nachdem ihm staatliche und städtische Behörden dankenswerte Förderung haben zu teil werden lassen, scheint es nunmehr zu einer dauernden Einrichtung sich entwickeln zu wollen. Unser 5. Cyklus wies gegen 300 Teilnehmer an den französischen und englischen Vorlesungen auf, und die Vorträge eines ehemaligen Mitglieds des Pariser Odéon-Theaters und einiger Schüler des Genfer Vortragsmeisters Schéler, eine Matinée des zur Zeit in Berlin weilenden Mark Twain, sowie endlich die Aufführungen eines französischen und eines englischen Lustspiels erfreuten sich des Beifalls einer grofsen Zuhörerschaft. Auch nach andrer Richtung hin hatte der ursprüngliche Plan Erweiterung gefunden, indem gelegentlich an Stelle des Rezitierens aus unsern Schulautoren freie moderne Deklamationen traten, ein andermal ein Abend lediglich der Unterhaltung diente oder durch einen Vortrag über eine einzelne modern-litterarische Persönlichkeit, über englische

Jugenderziehung oder französisches Kulturleben ausgefüllt ward, oder indem endlich bestimmte Vorlesungen ausschliefslich für Schüler und Schülerinnen arrangiert wurden. Schon ist man auch andernorts diesem Beispiele gefolgt, und es ist der Wunsch an uns herangetreten, für unsre Fachkollegen aus der Provinz Brandenburg in den Ferien einen Vorlesungscyklus einzurichten. So dürfte der Beweis erbracht sein, dafs es im Punkte der eignen sprachlichen Weiterbildung auch unter Verzicht auf kostspielige Reisen ins Ausland in der Heimat weder an regem Streben noch an sich bietender Gelegenheit mangelt. Durch den günstigen Umstand, dafs natürlich in Berlin die Zahl der ortsanwesenden Ausländer eine besonders stattliche, sind wir in der glücklichen Lage, nicht ohne Aussicht auf Erfolg darauf hinarbeiten zu können, dafs sich wenigstens einmal wöchentlich ein Kreis wissenschaftlich gebildeter Franzosen oder Engländer zusammenfindet, in welchem den die Gelegenheit zu fremdsprachlicher Konversation suchenden Fachkollegen diese und dazu noch mannigfache Anregung zu teil werden kann. — Dafs der neusprachliche Lehrer fortgesetzt auf Befestigung und Vermehrung seiner Sprechfertigkeit bedacht sein mufs, gilt heute mehr denn je, setzt doch die nunmehr uns vorgeschriebene Lehrweise bei dem Dozierenden in Wahrheit eine souveräne Beherrschung des Französischen voraus und zudem noch eine so tadellose Aussprache, wie man sie, gegründet auf sichere phonetische Schulung, nur durch den Verkehr mit Denen sich aneignen bezw. bewahren kann, die das Französische als Muttersprache und dialektfrei reden.

Wenn in der Allerhöchsten Kabinetsordre vom 17. Dezember 1890 von den bei Durchführung der neuen Reformpläne an die Lehrerschaft zu stellenden Mehrforderungen die Rede ist, so gilt dies auch für uns neusprachliche Reformer, wird uns doch durch die neuen Lehrpläne (S. 74) „fortschreitende Durchbildung der sogenannten neueren Methode" zur Pflicht gemacht. Wenn die Könige baun, haben die Kärrner zu thun; und so haben denn in jetziger vielgeschäftigen, thatenfrohen Zeit auch wir uns zu rühren und, soweit wir's vermögen, am Ausbau des Begonnenen mitzuarbeiten. Die obige ministerielle Weisung wird eine neue Flut von Reformlitteratur zur Folge haben, aber das kann und darf im Interesse der Sache nicht beklagt werden. Falls wir nur nicht zu sehr bei fruchtlosem Theoretisieren stehen bleiben, sondern praktische Erfahrungen reichlich mitzuteilen uns befleifsigen, dann werden neben Minderwertigem doch auch immer noch neue Anregungen, praktische Winke und Hülfen im Einzelnen und dankenswerte Muster auszufinden sein. Zu den in früheren Erörterungen von mir dargelegten Wünschen möchte ich noch diese eine Bemerkung fügen, dafs es wohl an der Zeit wäre, die Ergebnisse der vor Veröffentlichung der neuen Lehrpläne erschienenen neusprachlichen Reformschriften unter Berücksichtigung der neuesten Verfügungen zu sichten und erschöpfender als es mir möglich gewesen zusammenzustellen. Hier thäte eine orientierende Bibliographie dringend not!

Und ist man nun auch nach langem Hin und Her über einige anfangs scharf betonte Punkte heute zur Tagesordnung übergegangen, so möge man sich doch dankbar der Männer erinnern, die, als noch der Kampf um die „neue" Methode heifs getobt, als vorderste auf der Schanze gestanden haben. Dank auch den Begründern und Förderern der Neuphilologentage, auf denen ja von Anbeginn für Verbreitung, Ausarbeitung und Nutzbarmachung der Reformideen rührig gewirkt worden! Schon rüstet man sich in Berlin, die zum fünften Male aus allen Teilen Deutschlands sich versammelnden Lehrer der neueren Sprachen zu begrüfsen. Um Pfingsten werden sie in des Reiches Hauptstadt tagen, nicht um stolz darüber zu triumphieren, dafs das von jedem früheren Neuphilologentage erstrebte Ziel erreicht, die analytisch-induktive Methode nunmehr zur „siegenden" geworden, als die der Zukunft anerkannt ist, — sondern um in ernstem Bemühen an der Ausgestaltung derselben zu arbeiten, des Kaiserwortes sich erinnernd: „Das wohlmeinend Geplante soll nicht blofs auf dem Papier bleiben!"